ビジネスパーソンが介護離職をしてはいけないこれだけの理由

酒井穣
株式会社リクシス取締役副社長

Discover

はじめに

自由であるということは、単に、自分を縛り付ける鎖を捨て去ることではない。自由であるということは、他者の自由を尊重し、それを推し進めるような生き方をすることだ。

――ネルソン・マンデラ

自立という言葉は、残酷です。これほどまでに誤解され、結果として多くの不幸を生み出している言葉はないからです。

まず、**自立とは、誰にも頼ることなく生きられる状態のことではありません。これが人間を不幸にする決定的な誤解です。真の自立とは、その人が依存する先が複数に分散されており、ただ1つの依存先に隷属（奴隷化）している状態から自由であることです。**

自立が進んでおらず、ただ1つの依存先しかないと、個人は、依存先に対する交渉力を失います。これは、依存先の言いなりということです。ですから交渉力を失うと、相手に隷属することになってしまいます。結果として、自分の人生のあり方を自分で選択することができなくなるわけです。

たとえば、誰もが子供だったころは、自分の衣食住を支配する親に遠慮をして、自分の意思を通せないことも多かったでしょう。やりたいことがあっても、親に反対されてあきらめた経験もあるはずです。自らの進路でさえ、完全には自らの自由にはならなかったと思います。

だからこそ、子供が親から自立する（大人になる）ということは、人生において大切な一歩なのです。実際に子供には、親から自立したい、自由になりたい（自分の人生は自分で決めたい）という欲求があります。これが、子供の反抗期の基礎にもなっています。

一般に、子供が親から自立するということは、子供が就職をして親元を離れることを指しているでしょう。しかしそれは、子供が、何にも依存しなくなることではありません。単に、衣食住のすべてを親に依存していた子供が、就職先というあらたな依存先を得るにすぎません。しかしこれによって、子供は、親への依存を相対的に小さなものにすることができます。そして、自分の人生を自分で決められるという自由が増すことになります。

しかし、就職してしまえば、子供は親を一切頼らなくなるわけではありません。実際に大人であっても、何か困ったことがあれば、親に相談することもあるでしょう。時には、親から金銭的な援助を受ける必要もあるかもしれません。しょっちゅう親を頼るのは問題ですが、たまのことであれば、それはとても自然なことです。親としても、時には子供が自分のことを頼ってくれたほうが嬉しいものです。

とはいえ、収入源がただ1つの勤務先に依存しているというのは、やはりまだ隷属に近いとも言えます。この上さらに長期の住宅ローンなどを抱えていたら、自由は失われ、勤務先への隷属としか言えない状態にもなりかねません。

だからこそ、特定の勤務先でしか通用しない特殊能力ではなく、世間一般に通用する職務能力を磨く必要があるのです。また、副業を得て収入源を分散させることができれば、私たちの自立はさらに進むでしょう。

このように、依存先が複数に分散されてはじめて、人間はより自分らしく生きることが可能になります。自立が進むと、やりたいことがあれば（それが合法である限り）誰にも遠慮する必要がなくなります。

こうした状態、すなわち自立していることは、個人の幸福追求にとって非常に大切なことです。好きな場所で、好きな人と、好きなことをして暮らすことの基礎は、自立にこそあるからです。**つまり人間の幸福は、依存先が複数あることと密接に関係しているのです。**

「介護とは自立支援である」と言われます。自立の意味を誤解していると、この介護の定義には戸惑うでしょう。なぜなら、要介護状態（介護が必要になる状態）にあれば、必ず、他者の助けが必要になるからです。要介護者（要介護状態にある人）になるとむしろ、それまでの人生以上に、より多くの他者に依存して生きることにもなります。

しかし自立とは、依存先を増やしていくことであると理解すれば、この「介護とは自立支援である」という定義もスッと頭に入ってくるはずです。実際に、**優れた介護においては、要介護者は、この人がいないと死んでしまうという状態、すなわち特定の人への過度な依存が上手に避けられています。だからこそ要介護者であっても、何かに隷属することなく、自らの幸福を自分の意思で追求する自由が残されるのです（自己決定の原則）。これこそが「介護とは自立支援である」と言われる背景です。**

あなたは、親に介護が必要になったとき、親のことを大切に思う気持ちから「介護のすべてを自分がやってあげたい」と思うかもしれません。しかしそれは、親からすれば、あなたがいなければ生きていけないという、ただ1人の人間への依存と隷属につながります。換言すれば、それは、大人として自立してきた親を、あなたの子供にしてしまうということです。こうして親子関係が逆転した先にあるのは、広い意味での虐待です。これが親の幸福追求の邪魔になるのは明らかなことなのです。

本書をはじめるにあたって、**自立とは、誰にも頼ることなく生きることでは**

ないことを再度強調させてください。自立とは、自分の人生を助けてくれる依存先が複数に分散されており、自分らしく生きるための自由が確保されている状態のことです。そしてそれが、人間の幸福追求の基礎になっています。

介護とは、心身になんらかの障害を抱え、要介護状態になった人の自立を支援することです。決して、要介護者を特定の誰かに過度に依存させることではありません。要介護者であっても、いやむしろ要介護者だからこそ、自分でやれることはできる限り自分でこなす必要があるのです（残存能力活用の原則）。

繰り返しになりますが、自立の定義を間違えたまま介護に関わると、必ず大きな不幸を生み出してしまいます。特に「自分の親の介護なのだから、すべて自分がやってあげたい」と考える善人ほど、悲惨な介護に突入しがちなのです。ニュースになるような介護をめぐる虐待や殺人は、むしろ、自立の定義を誤解した善人が起こしているという認識が求められます。

冒頭にあげたネルソン・マンデラの言葉にあるとおり、介護によって危険にさらされている親の自立を進め、親の自由を確保することは、あなた自身の自由にもつながります。本書が、あなたの親とあなた自身の自立にとって、少しでも役に立つことを願っています。

２０１７年10月　神保町のスターバックスにて

酒井　穣

ビジネスパーソンが介護離職をしてはいけないこれだけの理由◎もくじ

第2章　介護離職を避けるための具体的な方法

第1章
介護離職につながる3つの誤解

時間は最も貴重な資源であり、それを管理できなければ、他の何事も管理することはできない。

――ピーター・ドラッカー

介護離職は誰にでも起こり得るリスクです。本書は、このリスクを下げるための指針を提示することを目的として執筆されています。ですから、介護の全体像の説明から入るのではなく、まずは介護離職のリスクを高めてしまう原因となっている「3つの誤解」について考察します。

世間ではひとくくりにされがちなのですが、育児と介護は大きく異なるものです。育児の場合は、その前提として自分が育てられた経験があります。ですから、はじめての育児でも、それなりの知識を持って臨めるのが育児の特徴です。妊娠から出産までの期間もあるため、その間に本を読んで勉強することもできます。育児の方針についても、こだわりを持ってしっかり考えるでしょう。

しかし介護は、ある日いきなり、ほとんど無知の状態からはじまります。多くの場合、自分には過去に介護を受けた経験もないため、右も左もわかりません。本当にいきなりはじまるので、介護の勉強は、仕事や家事をこなしながらという余裕のないものになります。ですから宿命として、介護は、その初期にこそ無知による間違いが起こりやすいのです。そして、本章で取り上げる「3

つの誤解」は、介護離職につながる可能性の高い、特に恐ろしいものです。

今この瞬間に、あなたの携帯に電話がかかってきたとします。

「あなたのお母さまが倒れました。これから緊急手術になります。手術が成功しても、身体には麻痺が残り、介護が必要になるかもしれません……」

そうして、あなたの介護は突然はじまるのです。さて、あなたならどうしますか？　誰に連絡をして、どのように行動しますか？　仕事は休めそうですか？

誤解①

介護離職をしてもなんとかなる

再就職できず、再就職できても年収は半減しかねない

介護離職をした場合、再就職までにかかる期間は、どれくらいだと見積もっていますか？　この期間として統計的に最多となっているのは1年以上です（男性の38・5％、女性の52・2％）。[注1]　1年以上も仕事から離れていて、条件のよい就職先が見つかると思いますか？　現実として、介護離職をしてから運よくあらたな職場を得たとしても、収入は男性で4割減、女性で半減するというデータがあります。[注2]

介護離職をするなら、まず、１年以上収入が途絶え、再就職できたとしても今の半分程度の年収になっても生きていけるだけの貯金が必要です。貯金が足りないまま介護離職をすれば、親が資産家でもない限り、あなたは生活保護を受給することになります。仮に自宅ローンが残っていれば、自宅を手放すことになり、一家離散という可能性も出てくるのです。[注3]

介護は、いちどはじまると、いつ終わりになるか予想ができません。目安となるのは、平均寿命から健康寿命（心身健康でいられる年数）を引いた年数です。日本でこれは、10年以上になります。[注4]ですから介護生活は、少なくとも10年程度は続くことを想定しておく必要があります。しかも、この期間のうちに

1　三菱ＵＦＪリサーチ&コンサルティング株式会社、『仕事と介護の両立に関する実態把握のための調査研究（労働者調査）』、厚生労働省委託事業、２０１３年３月

2　産経新聞、『衝撃…介護転職した人の年収は男性４割減、女性半減！「介護離職ゼロ」掲げる政府や企業は有効な手立てを打てるのか？』、２０１６年２月18日

3　脅しではなく、現実です。個人的にも、こうして一家離散したケースを複数聞いています。

は、親の健康状態は悪化していくことも多いのです。はじめは半身不随などの身体的な問題だったところに、認知症（重度化すると意思の疎通ができなくなる）も重なってきたりします。

介護離職をして年収が半分になって10年も経つと、介護離職をしなかった場合からは想像もできないほど貧困になります。いつ終わるとも知れない介護に悩まされながら、金銭的にも厳しくなると介護離婚（介護を理由とした離婚）が発生することも多いようです。あなたの親は、自分の愛する子供が、自分の介護のせいで、そうした状態になることを本当に望んでいるでしょうか。

節約のために親と同居すると介護離婚リスクが高まる

金銭的に厳しくなると、家賃の負担を下げるために、親と同居しての介護を検討するようになるかもしれません。しかし特に、介護が必要になった親を自宅に迎え入れて同居した場合は、介護離婚のリスクはかなり高くなります。実際に、介護職（介護のプロ）たちは、そうして介護離婚に至ったケースを多数見ています。

親と同居しての介護の終着駅としては

①生活のリズムが合わずに喧嘩ばかりになる
②家事などの生活援助系の介護サービスが使えなくなり負担が増える
③同居していると特別養護老人ホームへの入所の優先順位が下げられる
④住み慣れない環境で親の心身の状態が悪化する
⑤親が田舎に帰ると言いはじめても田舎の家はすでにない

というところです。

そうしてギスギスした状態が続くと、義理の両親と同居することになったパ

4　日本の平均寿命は、男性が80・50歳、女性が86・83歳（2014年実績）。日本人が健康に生きられる寿命である健康寿命は、男性が71・19歳、女性が74・21歳です（2013年実績）。単純な引き算で考えると、男性が健康でいられない期間は、約9年（71・19歳〜80・50歳）であり、女性は約13年（74・21歳〜86・83歳）。

ートナーは、結婚生活そのものに疑問を持つようになります。パートナーにも両親がいる場合、介護離婚をして、年老いた自分の両親と同居したほうがよいという気持ちにもなるでしょう。

そうしたリスクを理解した上で、それでも同居する場合は、生活援助系の介護サービスが介護保険では使えなくなること（原則として同居家族がいると使えない）、特別養護老人ホームに入りにくくなること（同居家族がいると優先順位が極端に落ちる）を覚悟した上で、折り合いが悪ければ親が田舎に帰ることもできるというオプションを残しておくことが大事です。

そもそも同居を決めるのは、まず数カ月一緒に暮らしてみて、同居がどういうものかお互いにその現実を理解してからでも遅くはないでしょう。一番まずいのは、田舎の家を完全に引き払って退路をたち、その上で「とても一緒に住めない」ということになり、それでも特別養護老人ホームには入れずに、かつ、田舎には実家もすでにないという状況です。

さらに、高齢者にとって、住み慣れた環境を離れることは、認知症のリスクを高めてしまうという事実についても理解しておく必要があります。[注5] また、田舎にはあった人間関係のネットワークがすべてなくなってしまうことの影響は、本人が想像している以上に大きなものだったりもします。

ずっと一緒に暮らしていなかった親にとって、実は、子供以上に重要な人間関係が田舎にあったということを、それを失ってから知るのは厳しいものです。介護職（介護のプロ）の多くは「看取り」というタイミング以外で、親と同居するのはかなり難しいという本音を持っていることは、ここで知っておいてもよいでしょう。

「親の貯蓄があるから大丈夫」は間違い

ここまでの話で「うちの親にはそれなりに資産があるから大丈夫」と考える

5　慣れ親しんだ生活の場が変わることによる悪影響を、特に「リロケーション・ダメージ」と言います。こうした悪影響には様々なものがありますが、特に認知症のリスク（認知症になったり、認知症が悪化したりする）が懸念されています。

人もいるかもしれません。しかしそれは、本当でしょうか。

そもそも、介護にかかるお金（介護保険でカバーされない自己負担部分）がいくらくらいになるのか、誰もが不安に思っています。これを実際のデータで見ると、バリアフリー化や介護ベッド、緊急対応の交通費や宿泊費といった初期費用（一時費用／自己負担）としてかかっているのは、平均で80～90万円程度でした（この数字はバラツキが大きいため注意も必要です）。また、毎月かかっている費用（自己負担）は、平均で7～8万円でした。[注6]

ここで、世帯主や配偶者に介護が必要になった場合、それが継続する期間の見積もり（想定される介護期間）平均は169・4カ月（14年1カ月）でした。先に10年は想定しておくべきであることを述べましたが、多くの人は、それ以上の期間を想定して準備しているのです。もちろん、実際にこれだけの期間がかかるかどうかは、それぞれに事情が異なるため、なんとも言えないところではあります。ただ、平均的には、それだけの期間の見積もりをしているという点には意味があります。

毎月の実質的な費用（自己負担）となる平均７〜８万円が、１６９・４カ月間かかり続けることを想定する必要があるということです。これは、単純計算で約１，１８６〜１，３５５万円になります。ここに初期費用が乗ってきますから、１，２６６〜１，４４５万円を準備（貯金＋期待される年金）しておきたいということになります。これは、かなりの大金です。しかもこれは平均であって、運が悪ければもっとかかることも考えておかなくてはなりません。

さらにこの想定では、介護が必要になる人が１人という計算になっていることにも注意してください。両親同時に介護が必要になるケースも多数あり、その場合は、単純に２倍とはならないものの、２，０００万円以上の準備が必要になると考えられます。

しかも、ここまでの話は、あくまでも介護にかかる費用に関することに限定されています。このほかにも家賃や住宅ローン、生活費や各種税金などのためのお金も必要になることを忘れないでください。

6　生命保険文化センター、『生命保険に関する全国実態調査』、２０１５年

ここで、日本の高齢者の貯蓄額は、世帯平均で1，268万円です。[注7] この数字だけを見ると、意外と貯蓄があるように感じられるかもしれません。しかし現実には、富裕層がこの平均の貯蓄額を押し上げています。実際に、貯蓄額が1，000万円以下の世帯は、全体の過半数（57・9％）になっています。

ここまでの話を総括すると

①親に2，000万円を超える預貯金があって年金もしっかりもらえている
②両親が同時ではなく、どちらか一方の介護だけが必要

という条件が成立するときだけ、ギリギリではあるものの、親の介護のために子供がお金を持ち出す必要はない可能性もあります。

ただ、この2つの条件が当てはまる人は少数のはずで、現実には、親の介護のために子供がお金を持ち出すことになるケースのほうが多くなるでしょう。

しかし、自分が介護離職をしており、収入が途絶えていたら、これは不可能なことになります。

さらに将来、いざ自分や自分の配偶者に介護が必要になった場合のために、自分のための貯蓄もしていかなくてはなりません。親の介護にお金を使いながら、介護離職をして、さらに自分のためにも十分な貯蓄をしていくことが、果たして可能なのでしょうか。

7　常陽銀行、『年代別貯金総額の平均と毎月の貯金額目安』、２０１５年４月21日

介護離職をするなら想定しておくべきこと

●介護離職をすると、再就職までに1年以上の期間がかかる
●介護離職をすると、その後、運よく再就職できても年収は半減する
●介護生活は、少なくとも10年程度は続く（いつまで続くかはわからない）
●親を自宅に迎え入れて同居した場合、認知症や介護離婚のリスクが高まる
●親に2，000万円以上の預貯金があり、年金も充実していないと厳しい

誤解②

介護離職をすれば負担が減る

介護離職をしたら介護の負担は逆に増します

介護を理由に仕事を辞めた人（介護離職をした人）の約70%が、経済的・肉体的・精神的な負担は「かえって増えた」と回答しています。[注8]

介護離職をする場合、自分の収入が途絶えますから、経済的に負担が増すこ

8　三菱UFJリサーチ&コンサルティング株式会社、『仕事と介護の両立に関する労働者アンケート調査』、平成24年度厚生労働省委託調査結果概要

とは覚悟していると思います。また、介護を自分でやると決めた場合は、肉体的な負担が増すのも当然でしょう。しかし、精神的にも追いつめられるというところまで想定している人は少ないのではないでしょうか。

仕事と介護の両立が難しいと考え、負担を少なくしたいと思って退職しようとしているなら、それは恐ろしい誤解ということです。ここで、介護離職が生み出す最悪のループは、次のようなものです。

（第1段階）再就職先が決まっていないまま退職
（第2段階）想定以上に入院費や医療費がかさむ
（第3段階）経済苦となり、介護サービスを利用するお金もなくなる
（第4段階）介護サービスを受けられないため、自分で介護をする
（第5段階）時間的余裕がなくなり、再就職の選択肢がせばまる
（第6段階）第3段階に戻る（以降、最悪のループに入る）

この最悪のループに入ると、精神的・肉体的・経済的な負担は、時間とともも

にどんどん大きくなっていきます。そして、いちどこうなってしまうと、そこから抜け出すのはとても難しいのです。

この最悪のループから抜け出すために必要になるのは生活保護（詳しくは１６２ページ参照）です。一時的に生活保護を活用し、介護サービスの利用をしながら就職先を探すという方法しかないでしょう。

ここで、自分が介護離職をした上で、兄弟姉妹や親族などの協力を得れば、負担が減らせると考える人もいるかもしれません。しかし、介護離職をすると、現在は得られている協力が、その後も同じように得られるとは限りません。ここには、リンゲルマン効果と呼ばれる心理学的なブレーキが働く可能性があるからです。この心理学的なブレーキについて、少し詳しく考えてみます。

リンゲルマン効果が知られるきっかけとなったのは、フランス人のリンゲルマン（Ringelmann, M）自身による報告ではなく、ドイツ人のメーデ（Moede, W）の論文（１９２７年）に「興味深い研究」として掲載されたことがきっかけでした。[注9]

リンゲルマンは、1人、2人、3人、そして8人という4つの集団（被験者）を作り、それぞれに綱引きをさせて、そのときの引っ張る力を測定したのです。結果としては、1人の場合で63㎏、2人の場合で118㎏、3人の場合で160㎏、そして8人の場合で248㎏となりました。

当然のことながら、集団を構成する人数が増えれば、綱引きの力は上がりました。ただ、全員が綱を必死に引けば、2人の場合では、1人で綱を引いたときの2倍、3人で3倍、8人では8倍となるはずです。

しかし、この結果を分析してみると、1人で引いたときの力を100％（63㎏）としたとき、2人ではそれぞれが93％（118÷2＝59㎏）、3人では85％（160÷3＝53㎏）、そして8人ではなんと49％（248÷8＝31㎏）になっていることがわかったのです。

特定の目標を共有する集団のサイズは、それが大きくなるにつれて、集団の構成員1人あたりの能力発揮が劇的に低下するということです。これは、非常にショッキングな事実であっただけでなく、なんとなく誰もが知っていたことでもあったためリンゲルマン効果（リンゲルマン現象）として世界的に有名になったというわけです。

当然ですが、介護の現場においても、このリンゲルマン効果を観察することが可能です。むしろ介護は、多くの人が本音では「関わりたくない」と考えていることなので、介護の現場におけるリンゲルマン効果は、当たり前に見られる現象なのです。

兄弟姉妹や親族の多い家族において、誰が親の介護をするのかという話は、トラブルになりやすいケースです。このケースでは、だいたいにおいて、特定の1人が（主たる介護者として）多くの介護負担を引き受けてしまいます。他の兄弟姉妹や親族は「自分も介護に貢献する」と主張するでしょうが、そこにリンゲルマン効果が起こりやすいことは明らかです。

ですから、**自分が介護離職をした後は、現在はなんとか介護に協力してくれ**

9　小窪輝吉、『リンゲルマン現象と社会的手抜き』、鹿児島経済大学社会学部論集7（3）、41‐56、1988‐10‐15、小窪輝吉、『リンゲルマンの研究について』、鹿児島経済大学社会学部論集8（2）、43‐56、1989‐07‐15

ている兄弟姉妹や親族が、介護から身を引いていくという可能性も十分にあるわけです。そうなってしまえば、介護の負担は、介護離職によってむしろ大きく増えてしまうかもしれないのです。

虐待してしまう可能性が高まります

何かに集中したり、没頭したりしていると、周りが見えなくなるものです。どんなことでも、当事者として渦中で頑張っているときほど、そうした状態になります。周りが見えなくなるだけでなく、自分自身のことを客観的に考える余裕さえなくなります。この状態になるのが、介護離職をした後の生活です。

介護が、虐待や介護殺人など、最悪の結末に至ることがあります。この背景にあるのは、個人の資質ではありません。誰もが、介護と向き合う中で、こうした最悪の結末にならないよう、ギリギリの状態で頑張っています。それでも多くの人が、そんな最悪の結末に至ってしまう可能性があるのが介護なのです。

ここで注目したいのは、介護における人間関係は（育児とは異なり）大人同士の関係だということです。ここから、介護の場合は「役割」「義務」「確執」「恩」「金銭」「圧力」「病気」「傷害」「恨み」などなど、育児とは異なる様々な心理が複雑にからみ合うことになります。[注10]決してポジティブとは言えない感情がからまり合い、そこから抜け出す手立てもない閉じた世界では、最悪の結末に至る可能性も高まってしまうでしょう。

介護が重度化したり、終末期になるにつれて、どこまでも滅私奉公的な対応をしてバーンアウトしてしまう（燃え尽きてうつ病になってしまう）ケースもあります。そこで、介護サービスを使うだけの経済的な余裕が失われていれば、本当にどうにもならなくなります。

責任感と、親への献身的な意識が強くあることは、素晴らしいことかもしれません。しかし介護はやはり、１人で抱え込むには無理があります。親にとって真によい生活を組み立てるために、自らの仕事を維持しながら、周囲の力を上手に利用する方向に行かないと、最悪の結末が現実になってしまうかもしれ

10　渡辺俊之、『ケアの心理学―癒しとささえの心をさがして』、ベストセラーズ、２００１年10月

ません。

介護をめぐる虐待というと、ニュースになるのは決まって介護職（介護のプロ）による虐待です。**しかし、家族による虐待のほうが、介護職による虐待の100倍も多く発生しているのです。**実際に統計（平成24年度）では、介護職による虐待が155件だったのに対して、家族による虐待は1万5，202件でした。

介護職による虐待は、同僚も直接・間接に観察することになるので、発見されやすいでしょう。これに対して家族による虐待は、基本的に密室で発生しています。家族による虐待は表に出にくいはずなのです。それでも、家族による虐待は把握されているだけでも介護職よりも100倍多いという事実は、無視されるべきではありません。

家族の虐待に関する調査としては、このほかにも認知症の介護をする100名の家族に対して行ったアンケート結果があります。この調査では「認知症のご家族を「虐待」をしそうになったことはありますか？」という質問に「あ

る」と回答した人が79％にもなっています。[注11]

では、どのような背景があると、高齢者の虐待に至りやすいのでしょうか。この高齢者の虐待についての研究では、修文大学の柴田益江准教授によるものを参照したいところです。柴田准教授の研究報告[注12]によれば、虐待をする人に共通する特徴としては

①息子か夫である
②要介護者と同居していたりして常時接触している
③介護に関する知識が不足している
④介護を助けてくれる人がいない
⑤要介護者と過去になんらかの軋轢がある

11　株式会社ウェルクス、『認知症の介護家族の約8割が「虐待」しそうになった経験が「ある」。調査データ発表』、2016年1月21日
12　柴田益江、『高齢者に対する家庭内虐待の発生メカニズムに関する研究』、名古屋柳城短期大学研究紀要、第35号（2013年度）

といったものです。
また、虐待をされてしまう人に共通する特徴としては

①要介護度が高い高齢者である
②75歳以上の女性である
③子供の家族と同居している
④生活が苦しい生活困窮者である
⑤介護者と過去になんらかの軋轢がある

といったものでした。

虐待を回避するために必要なのは、まず、自分自身の背景が、これらの特徴にどれくらい当てはまるかを確認することです。かなり当てはまるなら、意識して虐待を回避するための対策を打たなくてはなりません。いかに自分は大丈

夫だと思っても、対策をすることはとても大事です。

まず介護者は、要介護者との接触を減らさなくてはなりません。この点だけからしても、介護離職をすることのリスクが理解できるでしょう。特に、避けられるのであれば、同居はギリギリまで決断すべきではありません。そして介護の一部であっても、介護のプロにお願いしたり、兄弟姉妹や親類縁者にお願いすることで、虐待を回避できる可能性が高まります。

どうしても1人で、同居しての介護をしなければならない場合は、息抜き（レスパイト）を心がける必要があります。上手にストレスを逃すことができないと、かなり危険だからです。

また、介護者は、介護に関する知識を勉強していくことも大切です。自分で勉強するのが辛ければ、セミナーや家族会などに参加して、誰かに教えてもらうことを意識する必要もあります。とにかく、介護を相談できる他者がいないと、大きな危険に自ら近づくことになるのです。

自分がすべての介護をすれば家族は幸せなのか？

ある、認知症の実母を介護している息子のケースです。彼は、奥さんと子供2人と一緒に、実母と同居して介護をしていました。息子は、実母の認知症の症状によって、家族が眠れないことや気が休まらないことを、常に申し訳なく感じていました。実際に彼は、たびたび、そのような言葉を介護職に対して漏らしていたそうです。

しかし、介護職が、奥さんと子供に個別に介護の負担について聞いてみると、認知症の介護については、それほど負担を感じてはいなかったのです。むしろ息子である彼が介護を抱え込みすぎていることのほうが心配だと介護職に伝えたそうです。もっと家族の皆で考えて介護に向き合えばいいのに、責任感から、彼は1人で苦しんでいるように見えるとのことでした。

つまりこの息子の場合は、介護を家族に任せることなく、1人でこなそうとしていることが、かえって家族の精神的な負担になっていたわけです。責任感を持って介護に臨むことは素晴らしいことですが、それだけでは、必ずしも理想的な介護につながるとは限りません。

介護職は、この家族の家族会議に同席し、その場で奥さんや子供の思いを話していただき、息子が1人で抱えている介護の役割の一部を、奥さんや子供とも分かち合うという合意に導いたそうです。さらにその場で、家族でやらなくてもよいことも見つけ、介護職による介護サービスの導入も実現しました。

もちろん、これだけで認知症の介護からくる負担がゼロになったりはしません。息子の介護負担がどこまで減ったかは、はっきりしたことは言えません。ただ、この家族は、お互いの気持ちを正直に伝え合うことによって、より優れたチームになれたのではないでしょうか。

ここまでの話を読んで「仕事と同じだな……」と感じた人がいたら、鋭いです。1人で仕事を抱え込んでいる人は、意外と成果が出せずに思い悩みます。それに対して、周囲と上手に仕事を分け合って、チームとして成果を追い求める人は、大きな成果を出しやすいでしょう。

ある介護の研究を行う研究者[注13]によれば「介護とは、家族と介護サービスのプロによるチーム戦」とのことです。仕事と介護の両立に成功している15名のケースの追跡からわかったのは、**優れたマネジャーは、仕事で培ったその能力を用いて、上手に介護の負担を分散していたというのです。**実際にこの研究者が観察したのは、次のようなことでした。

（1）介護者は、家族と介護サービスで構成されたチームのマネジャーであるという意識を持つこと。現実に、日々のビジネスにおいて、マネジメント経験がある人のほうが「仕事と介護の両立」に成功している。逆に言えば、介護経験は、マネジメントのトレーニングにもなる。

（2）介護とはマネジメントであると理解し、介護に関わる「ヒト」「モノ」「カネ」「情報」を把握し、それぞれの資源を成長させること。「ヒト」であれば、介護を支えるための新たな人脈を築き、それを効率的に維持・活用すること。「モノ」であれば、介護負担を軽減させる商品・

サービスなどを活用すること。「カネ」であれば、様々な介護の制度を理解して無駄な出費をおさえ、必要なサービスをよりうまく使うこと。そして「情報」は、介護全体を俯瞰して考えられるような良質なものにアクセスし、学ぶこと。

（3）企業のサポートが必要。企業が、働く介護者のニーズを把握すること。介護に関して相談できる職場の雰囲気を醸成していくこと。ただし、ビジネスパーソンにとって、自分が介護役割を担っている現実はカミングアウトしにくいことを理解する必要がある。デリケートな課題であり、ここに対応するには、介護の専門家としての旧来の介護相談窓口では不十分。仕事と介護の両立を支援できる、外部の両立支援アドバイザーなどが必要。

13　林邦彦氏へのインタビュー（http://kaigolab.com/interview/269）より

最後の企業のサポートについては、今のところは、それほど多くのものが期待できません。しかし、あなた自身が、こうした企業のサポートを拡充するために経営者や人事部と連携していくことも可能なはずです。

助けてもらうのを待っているのではなく、自らその環境を構築するために尽力することも考えてみてはどうでしょう。誰もがいずれ仕事と介護の両立に苦しむのですから、それが、あなたの思わぬキャリアの構築につながるかもしれません。

介護離職をするなら想定しておくべきこと

- 経済的・肉体的・精神的な負担は、すべて、離職前よりも増える
- 最悪のループに入る可能性が高まり、それに入ると抜けられない
- ギリギリの状態になると、誰でも虐待に至ってしまう可能性がある
- 介護を抱え込むことが、かえって家族の精神的な負担になることもある
- 優れたマネジャーは、仕事と介護を両立できる可能性が高い

誤解③

子供が親の介護をすることがベスト

身体介護をしなければ仕事と両立できる可能性が高まる

介護を理由に退職する人（介護離職をする人）と、そうでない人の違いは、親の要介護度（公式に認定される介護を必要とする度合い・レベル）が高いか、低いかではありません。その決定的な分かれ道となっているのは、身体介護（入浴介助や排泄介助など）と家事を、自分で担っているか、それとも介護サービス事業者（または自分以外の親族）に頼っているかです。

「施設に入れないと、仕事と介護の両立は無理」と考えられがちです。しかし

介護を理由に退職する人	
身体介護をしている	47.3%
声かけ・見守りをしている	63.1%
家事をしている	60.1%
買い物・ゴミ出しをしている	69.2%
仕事と介護を両立する人	
身体介護をしている	11.3%
声かけ・見守りをしている	42.6%
家事をしている	28.9%
買い物・ゴミ出しをしている	47.3%

仕事と介護を同時にこなしている人の8割弱が在宅介護をしているという事実は無視できません。

この背景を考察するため、三菱UFJリサーチ&コンサルティングによる調査結果[注14]から、特に介護をする上で作業頻度の高い4つの仕事について、上に表としてまとめてみます。

すぐにわかると思いますが、仕事と介護を両立できている人は、身体介護や家事を自分でやっていないのです。

ここで、身体介護において最も

負担が大きいと言われるのが入浴介助と排泄介助です。そうした身体介護と家事を、介護サービス事業者（または自分以外の親族）に頼れる体制を構築することが仕事と介護の両立の鍵になるでしょう。

特に入浴介助は、すべりやすい空間でのやりとりになるため、とても危険な作業です。自分で立つことができない要介護者の入浴介助であれば、なおさら危険です。実際に、訪問サービスとしての入浴介助は（必要な介護の度合いにもよりますが）男性も入れて3人がかりだったりします。

そうして自分で入浴介助を行って、すべって転んでしまい、親の介護状態を悪化させてしまっては元も子もありません。ですから、要介護者の入浴介助は、できるだけ介護のプロ（ヘルパーなど）にお任せしたいところです。

ただ、要介護者は、恥ずかしがって、ヘルパーによる入浴介助を嫌がることも多いようです。入浴介助というのは、要介護者にとって、介護がはじまってすぐに訪れる心理的な難関です。「こんなことも、自分でできなくなってしまったのか……」というショックを受けるのも、特に初回の入浴介助ではよくあることのようです。

さらに介護のプロに聞いたところによれば、こうしたショックは、要介護者が男性で、ヘルパーの中に女性がいるときに起こりやすいと聞きます。実際に、ヘルパーの多くは女性なので、これは意外と多くあることなのでしょう。

男性の要介護者としては、入浴介助は、奥さんや家族にお願いしたくなる気持ちはわかります。ただ、そうした要介護者の奥さんも高齢ですし、重たい男性の身体をすべりやすいお風呂で介助するのは、やはり危険であることを認識すべきでしょう。

とにかく、介護離職を避けるために本当に大事なのは、介護をする上で頻度の高い身体介護や家事は、できるだけ自分以外の介護のプロなどに任せることです。そして、作業頻度の低い緊急時対応や金銭管理といった部分を、短期の

14　三菱UFJリサーチ&コンサルティング株式会社、『仕事と介護の両立に関する実態把握のための調査研究（労働者調査）』、厚生労働省委託事業、2013年3月

休暇を取得して、自分でも対応するというスタイルを作ることが重要です。こうすることで、フルタイムの仕事を犠牲にすることなく、介護もこなせるようになります。

ちなみに、見守りや買い物においては、退職する人と両立する人で、あまり差が見られません。ここは、完全に想像になりますが、両立する人は、見守りにおいてはＩＴを活用したり、買い物においても宅配サービスなどを使うことで、やはり自分の負担を減らしているのではないかと思います。

介護においては、どこの作業が最も時間を食ってしまうのかを理解しつつ、それを自分でやらないという考え方が重要になります。もし今介護離職を考えているとするなら、介護離職を決めてしまう前に、身体介護から離れてみるとよいかもしれません。

親の介護に専念することは「親孝行」ではない？

こうしたことを心がけていても、介護離職をしてしまう人も多数います。実際に介護離職をしてしまった人と日常的に接している、ある介護職（30代・男性）に話を聞く機会がありました。

まず彼は、一人の介護職としては「介護離職は、必ずしも悪いことではない」と言います。介護をしている人は、それぞれ事情が異なるため、どうしても介護離職せざるを得ないケースもあるからです。本当に仕方のないことに、良いも悪いもありません。

しかし、介護職として、多数の人を観察する中で「それで仕事を辞めるのはおかしい」と感じることもあるそうです。このケースに共通するのは「親孝行」という言葉です。彼は、この言葉には、自他ともに介護離職を正当化するだけの魔力があると言います。

「親孝行をするために、介護に専念したい」と言い、仕事を辞める人がいます。周囲も、そう言われたら否定しにくいでしょう。そうして介護離職した人は、はじめのうちは、この決断に満足しているように見えるそうです。しかしそれは、時間とともに確実に変わっていきます。

そもそも「親孝行」の「孝」とは、儒教の根本をなす「子供は、親に忠実に従うべし」という思想です。古代の人類が持っていた祖先崇拝（先祖を神とすること）が発展し「年上を絶対的に敬うべし」という方向に発展したと考えられています。

現代社会において、そのまま「子供は、親に忠実に従うべし」「年上を絶対的に敬うべし」というルールが重要だと本音で考える人は少ないでしょう。ただ、こうした考え方は、現代の日本にも色濃く影響を及ぼしている点は疑えません。そこが怖いところです。

より現代的な「親孝行」を考えるとするなら「自分が親だったら、自分の子供に本当にしてもらいたいことをする」ということでしょう。

もちろん、一人で寂しい思いをするよりは、近くに子供がいてくれたほうが嬉しいというのは親の本音です。しかし、子供が、自分の介護を理由にしてキャリアをダメにしてしまうことまで望むでしょうか。子供の人生に迷惑をかけてしまうことを、親として嬉しいと感じるでしょうか。

毒親（子供の人生に悪影響を与えるような親）でもない限り、それは「行きすぎ」だと感じるのが普通でしょう。**もしかしたら「親孝行」の魔力を求めているのは、親ではなくて、自らの介護離職を正当化したい自分なのかもしれないのです。**

誰でも、一人で寂しく暮らしている親の姿を見れば、心が動きます。そうした親を見たときに「親孝行をするために、介護に専念したい」と感じない人はいません。しかし、このときに注意すべきなのは、介護に専念するとはどういうことかを、どこまでリアルに想像できているかです。

介護は、数年では終わりません。覚悟として少なくとも10年は考えておくべきなのは先に述べたとおりです。そうした長期間にわたる介護を、本当にイメージできているでしょうか。少なくとも、経済的にも10年という期間を無収入で生きていけるのかは、しっかりと見積もるべきでしょう。

「親孝行をしたい」という気持ちは、大事かもしれません。しかし、生物学的には、こうした利他的な行動は「ハミルトンの規則[注15]」に従っており、無制限に行えるものではなくて、必ず限度があります。介護の場合もまた、こうした

「親孝行をしたい」という気持ちは、時間とともに減っていくのが自然なのです。

「親孝行をするために、介護に専念したい」という気持ちは、実際に介護をすると、長くても数年で消えます。お金も足りなくなります。しかし、そうなってからビジネスの現場に戻りたいと思っても、ブランクが長くなればなるほど難しくなります。戻れたとしても、正社員にはなりにくいというデータもあります。

もちろん、例外はあります。特に、親の看取りのように、残された時間があまりない場合などが典型例です。むしろ、介護に専念しなかったことを後悔することもあります。ケース・バイ・ケースであることは、あらためて強調しておきたいです。

まず、介護離職をしないで、仕事と介護を両立させている人は、それだけで「親不孝」ということにはならないでしょう。同様に、介護離職をしたからといって、それが「親孝行」になるわけではありません。

「親孝行」と考えて介護離職をしても、そうした気持ちは、時間とともに必ず減っていきます。すると、喧嘩も増え、親との関係はギスギスしていきます。そこで、いまいちど仕事をはじめようとしても、条件はずっと悪くなってしまっています。そして、追いつめられてしまうのです。

人間は、ただ利他的なだけでなく、利己的なところもあります。自分の人生をしっかりと前に進めたいという感情を持つことも自然なことなのです。それをずっと我慢して、親のためにだけ、ずっと自己犠牲的に生きられる人は（生物学的に見れば）いません。

人間にとって、仕事とは、ただ生活の糧を稼ぐための手段ではありません。仕事を通して社会とつながり、成功や失敗を通して成長し、人間社会を前に進める一助としての誇りを獲得していく大切な営みです。そして親が望んでいるのは、子供の幸せです。同時に、お互いの関係性が良好であり、双方に気遣い

15　森裕司、『動物行動学―獣医学共通テキスト編集委員会認定』、インターズー、２０１２年４月

をしていければ最高です。もちろん、寂しいのは嫌なものです。しかし、子供に仕事をあきらめさせてまで、自分の介護をさせたいと思う親は決して多くはないはずなのです。

人類史は、子供のために犠牲になってきた親の愛によってできています。この逆で、親のために子供が犠牲になるのが本当に当たり前なら、人類はとっくの昔に滅んでいるはずです。私たちの人生そのものが、こうした多くの犠牲の上にできています。私たちには、そうした犠牲に見合うだけの幸せな人生をおくる義務があることを忘れるべきではないでしょう。

親の介護を言い訳に理不尽から逃げてはいないか？

誰もが、突発的に、今の仕事を辞めたくなることはあります。一生懸命頑張って成果を出したのに低い評価をされたとき、自分の責任ではないことについて上司から叱責されたとき、自分よりも先に後輩が出世をして後輩の部下になったとき……。

ビジネスの世界では、不完全な人間が、他の不完全な人間を管理・評価するということが行われています。ですから、長く仕事をしていれば、理不尽なこともたくさんあります。「理不尽に耐えられる」ということは、ある意味で、社会人の条件のようなものです（もちろん、理不尽の程度にもよりますが）。

当然ですが、そんな理不尽は少ないほうがよいに決まっています。しかし、そもそも職場というスケールを超えて、この社会全体を見たとき、もっとひどい理不尽も多数あります。完璧に筋が通っていて、なんの理不尽もない社会など未来永劫実現されないでしょう。

自分が普通の状態であれば、ちょっとくらいの理不尽には耐えられるものでしょう。別の部署のプロジェクトの失敗について、なぜか自分のせいにされたりするといったことは、ビジネス経験が長ければ「まあ、そういうこともあるよね」と流せたりもすると思います。

ただ怖いのは、こうした理不尽なことが自分に降りかかっている最中に、介護が忙しくなることです。普通の状態であれば流せるような理不尽が、介護と重なることで「介護も忙しくなってきたし、理不尽なこともあるし、辞めようかな……」という気分を生み出してしまう可能性があります。

しかし、その理不尽が、普通の状態の自分であれば流せるようなものであれば、ここは我慢したいところです。もちろん、介護がなくても許せないほどの仕打ちを受けたとするなら、それにて退職という決断もあり得ます。しかし介護離職した後、介護もひと段落したときに振り返って「あんなことくらいで退職したのは、もったいなかったな」と感じる可能性があるなら、そこは本当に踏みとどまるべきところなのです。

認知科学の成果として、人間の感情は長続きしないことがわかっています。理不尽なことをされて腹を立てても、時間とともに、それに対する怒りの感情は薄れていきます。ですから一時の怒りの感情に任せて、長く勤務してきた職場を離れるのは、よくないことです。

ビジネスの世界では、ジュニアのころから「問題の切り分け」について叩き込まれます。理不尽なことをされたという問題と、介護の問題もまた、切り分

けて考えなくてはなりません。これらを混ぜて考えた上で、人生にとって重大な決断をしてしまうのは、決して得策とは言えません。

職場の理不尽が理由で退職するのであれば、当たり前ですが、できれば次の職場を決めてから退職（転職）しましょう。長期的に無職の時間を間に入れてしまうと、転職が不利になるからです。また、理不尽の元凶が上司である場合は、部署移動で済ませられないかも検討しましょう。

何事も、大事なことを決めるときは、一時の感情に引きずられないことが肝要です。特に、介護離職の場合は、冷静に考えて、その決断が正しいのかどうかをかなり慎重に検討する必要があります。

介護離職の決断は、本当に危険な決断です。その危険性を理解した上での離職であれば、仕方がありません。しかし、とにかく介護離職は、一時の感情に任せて決断してよいようなことではありません。冷静に考えるべきですし、信頼のおける人にも相談したほうがよいでしょう。

介護離職をするなら想定しておくべきこと

●親の身体介護を自分でやらなければ、介護離職を避けられるかもしれない
●施設に入れなくても、仕事と介護を両立している人も多数いる
●介護離職が「親孝行」になるとは限らず、むしろ親を苦しめるかもしれない
●利他的な感情による自己犠牲は永続せず、どこかで必ず限界が訪れる
●仕事における理不尽から逃げる言い訳にしていないか自問自答する

コラム

育児と介護はぜんぜん違う！

まだ介護について理解が進んでいない人と話をしていて、驚かされることがあります。それは仕事との両立において「育児も、介護も、同じようなもの」という誤解がとても多いということです。実際に介護を経験すれば明らかなのですが、これは、完全に間違いです。次ページの表[注16]を見れば、育児と介護の違いがはっきりとわかると思います。介護の場合は、

①情報が足りない
②考える時間が足りない
③職場に相談できるネットワークがない

ということが知られていないのです。

16　みずほ総合研究所、『介護と仕事の両立支援の課題』、２０１３年12月20日

介護
自分として経験したことがないため、何がいつ必要になるのかなど、全体を把握するためのヒントもない。
ある日突然はじまるため「仕事との両立」について考えている時間がまったくない。
「仕事との両立」に必要となる時間的・金銭的負担がまったく予測できない。
時間がたつと、負担が大きくなっていくように感じられる。「仕事との両立」がいつできなくなるかもわからず不安。
デイサービスなどの提供時間は、フルタイムで働くビジネスパーソンには配慮されていないことが多い。
職場で介護をカミングアウトする人は少なく、相談できる人も見当たらない。介護休業なども、同僚から本当の意味での理解を得にくい。

育児
自分にも子供時代があり、自分が通ってきた道に近いところを子供も通るため、全体を把握しやすい。
妊娠～育児休暇が終わるまで「仕事との両立」について１年以上考える時間がある。
「仕事との両立」に必要となる時間的・金銭的負担を見積もることが比較的容易。
時間がたつと、負担が小さくなっていくのが普通。「仕事との両立」が難しい時期もだいたいわかる。
保育所の開所時間は、ある程度まで、働く親の勤務時間に配慮されていることが多い。
職場に育児経験者が多く、必要であれば日常的に相談できる。「仕事との両立」を実現し、育児を卒業した先輩も多いため、職場で理解と同情が得られやすい。

これに加えて、育児は、表のように経験されます。また育児は、辛いながらも、子供の成長から仕事のモチベーションを得ていくことが可能でしょう。対して介護は、そこから仕事のモチベーションを得ることは難しいということも考えておく必要があります。

誤解を避けるために付け加えておきますが、仕事と育児の両立が簡単だとか、そういうことが言いたいのではありません。そうではなくて、育児と介護はかなり違うということを認識し、それぞれに異なる戦略が必要だということです。

ここで「介護は、それがはじまってからネットで調べればいい」と考えているとするなら、本当に危険な状態です。そこには、ダニング=クルーガー効果(Dunning–Kruger effect)[注17]が働いている可能性が高いからです。

ダニング=クルーガー効果とは、自分自身を客観的に観察する力が養われていない人が、自分のことを現実よりも高く評価してしまう心理的なバイアスを指す言葉です。「検索があるから、知識はいらない」といった、特に、インターネット検索の登場以降に注目され、広く問題視されはじめています。

何か知りたいことがあれば、検索をするという行為は、確かに、私たちの生活を豊かにしました。同時に、インターネットさえあれば、勉強しなくてもなんとかなるという誤解もまた広げてしまったという見方があります。

インターネットは、知識のない人に対して、知識を授けるツールではありません。そもそも言葉を知らなければ、検索をすることができないからです。なんとなくの思いつきで検索をすれば、質の低い知識しか得られないという、むしろ知識の格差を広げるようなツールにすらなってきています。

この格差の前提となるのは

①自分は知らないという認識
②知りたいという好奇心
③情報の信頼性を判断するリテラシー

17　ウィリアム・パウンドストーン、『クラウド時代の思考術――Googleが教えてくれないただひとつのこと――』、青土社、２０１７年1月25日

の3つだと考えられます。これらは、勉強をすることを通してのみ向上していくものであり、その前提がそろっている人にとってインターネットはポジティブな魔法の箱になり得ます。

しかし、これらの前提が崩れている人にとっては、インターネットは、ダニング＝クルーガー効果を助長する可能性があるのです。「困ったことがあっても、インターネットがあれば大丈夫」という認識になってしまえば、インターネットは自分の勉強の手段ではなく、自分の能力を肩代わりしてくれるものに感じられてしまうからです。

介護についての知識があれば、介護の負担はかなり減らすことが可能です。しかし、知識がないと、どうしても介護離職に至りやすいのです。いざ、自分の親に介護が必要になったとして、それから「介護　どうすれば」と検索をしても、本当に必要な知識にはたどり着けません。

そもそも、自分が巻き込まれているのが介護であるという認識を得るだけでも、それなりの知識が必要です。運がよければ、周囲の誰かから「要介護認定を申請したほうがいいよ」と教えてもらえるかもしれません。しかし、そうしたアドバイスが受けられないまま「要介護認定」という言葉さえ知らないと、どうなるでしょう。

もしかしたら、掲示板に書き込むことで、問題の解決には近づけるかもしれません。しかし「自分が何がわからないのか」ということがわからない状態で、的確な質問ができるでしょうか。非常に危険だと言わざるを得ません。

病気でも、介護でも、問題の早期発見と早期対応が重要になります。病気については、自覚症状が出たり、健康診断の結果などから、病院に行けばなんとかなることも多いでしょう（本当は予防することが大事なのですが）。しかし、介護というのは、どこからが介護なのかの判断も難しいものです。

そもそも、40歳以降であれば、誰もが強制的に介護保険料を徴収されています。それがどうしてなのか知らないという人は、掛け金を支払ってきたにもかかわらず、正しく保険を使うことができないでしょう。もはやどうにもならないという状況になってから、一生懸命インターネット検索をしても手遅れという可能性もあります。

とにかく、ほとんどの人が、人生のどこかで、介護に関わることになります。「そのときになってからインターネット検索をすればなんとかなるだろう」という認識は、まさに、ダニング=クルーガー効果そのものです。

すでに日本では、認知症サポーターの数が、合計で900万人を超えています(2017年9月30日の時点で9,396,047人)。まだ人口の10%にも満たない数字ですが、少しずつ、介護についての知識を持った人も増えてきています。

介護の知識について自信がない人は、一度は、暮らしている自治体が主催する介護セミナーなどに足を運んでみてください。それこそ、認知症サポーター養成講座でもよいでしょう。いつの時代も、インターネットの有る無しにかかわらず「知は力なり」なのです。

第2章
介護離職を避けるための具体的な方法

知識は、奴隷には不向きな人間を生み出す。

——フレデリック・ダグラス

先の第1章では、介護離職のリスクを高めてしまう原因となっている3つの誤解について考察しました。振り返ると、それらは

（誤解1）介護離職をしてもなんとかなる
（誤解2）介護離職をすれば負担が減る
（誤解3）子供が親の介護をすることがベスト

というものでした。
これらの考察から、介護離職を避けるためには、まずは、介護離職の恐ろしさを理解することが大事だと言えます。ここを理解すれば、どうやって介護の負担を自分だけで抱え込むことなく、上手に分散するかということを考えていく必要性が明確になると思います。

ここで大切になることは、ビジネスを進めるときとまったく同じです。それは「何を目的として、誰に、何をお願いするのか」を明らかにしていくという

ことです。[注18] とはいえ、特に負担の大きい介護の初期の段階では、どうしても基本的な知識の勉強が追いつかず、上手に考えることができません。

そこで第2章では、まだ介護の知識が十分ではない人が、介護の負担を分散させるために必要となる具体的な方法について述べていきたいと思います。

18　より正確にはWBS（Work Breakdown Structure）を記述し、アクションリストを作成することが必要です。WBSを書いたことのある人（プロジェクトマネジメントの知識のある人）であれば明らかなとおり、その作成を1人で行うことは危険です。

方法①

介護職（介護のプロ）に人脈を作る

介護の負担を減らすには、介護サービスに関する知識が必要

日本の社会福祉は、知らないと損をするようになっています。それはそれで問題ですが、社会問題について文句を言っても、自分の状態は（すぐには）変わりません。

たとえば、介護における寝具（布団、毛布、枕、マットレス）のクリーニングは、多くの自治体が無料〜1,000円程度の低価格で受け付けてくれます。しかし、この事実を知らないため、汚れてしまった寝具を自分で洗っている人

も少なくないのです。これだけでも相当な負担でしょう。

日本では、40歳以上の人であれば、介護保険料を支払っており、介護保険に加入しています。保険ですから、介護が必要になれば、それを利用することが可能です。介護サービスの利用は、実際にかかっている費用の1割が自己負担となり、残りは保険がカバーしてくれる仕組みになっています（所得によっては2割以上というケースもあるので注意）。

しかし、日本の介護保険の場合、そもそも「どのような介護サービスが利用できるのか」を理解し、こちらから利用を申請しないと、介護サービスを使うことができません。残念なことですが、介護をしているのに、介護保険をまったく使っていないという人も多数いるのが現状です。

介護の負担を減らすには、介護保険をフル活用する必要があります。しかし、介護保険をフル活用するには、介護サービスに関する知識が必要なのです。これは特に、介護の初期においては無理な話です。ここには「タマゴが先か、ニワトリが先か」という問題があることが理解できるでしょう。

このため、多くの人にとって、介護の初期が地獄になります。介護サービス

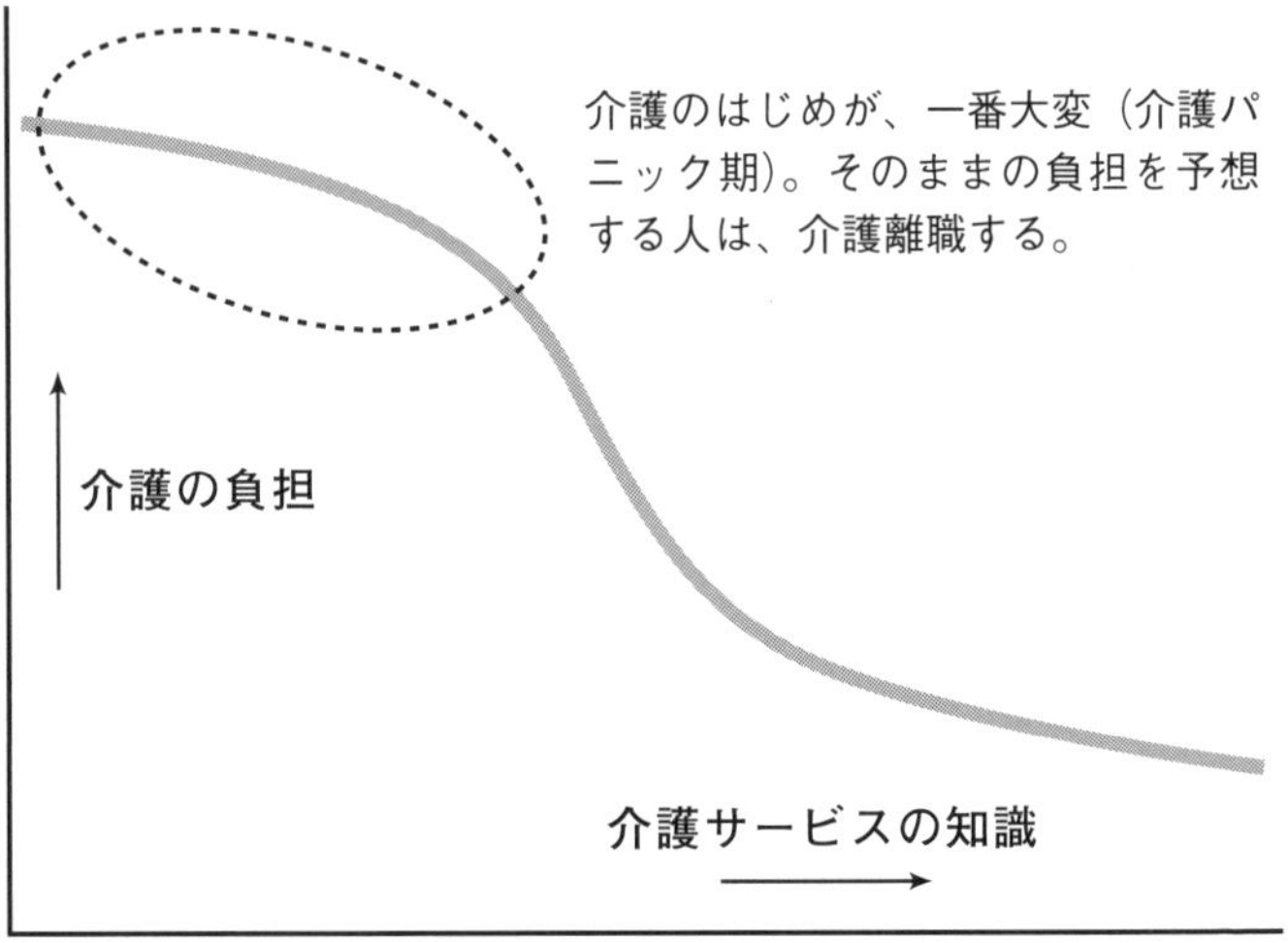
介護のはじめが、一番大変（介護パニック期）。そのままの負担を予想する人は、介護離職する。
介護の負担
介護サービスの知識

に関する知識が足りないため、何もかも自分でやらなければならないと誤解します。そこに、少しずつ介護サービスに関する情報が入ってくると、混乱してパニックになります。いわゆる「介護パニック期」の到来です。そして（確固たるデータはないのですが）介護離職は、この「介護パニック期」に集中するようです（上図）。

つまり、介護離職を避けるには、とにかく早く「介護パニック期」を抜け出す必要があるということです。このために打てる手立ては

２つしかありません。

１つは介護サービスの勉強を進めることです。しかし、第１章でも考えたとおり、介護については、育児とは異なり、そもそも知識がゼロの状態からはじまることがほとんどです。介護サービスについて自分でも勉強を進めることは大切なことですが、もし今すでに介護がはじまっていて「介護パニック期」にあるなら、これは正しい戦略とは言えないでしょう。

もう1つは、介護サービスに詳しい人（介護のプロ）に助けてもらうことです。そうした人に「介護離職を避けるためには、どのような介護サービスを利用すればよいのか」を相談すれば、かなりの確率で介護離職を避けることに成功できます。

ここで、少し唐突に感じられるかもしれませんが、知識の重要性について確認しておきたいです。そのためのたとえ話をします。

ある夜のこと。あなたは、自宅に帰る途中でした。そして、ある路地裏で、５人の屈強な大男が、１人の弱々しい老人に対して殴る蹴るの暴行をしているのを目撃します。周囲には、自分以外に人はいません。あなたなら、どうしますか？

すぐにこの場に割って入って、5人の屈強な大男を止めようとするのは（プロの格闘家でもなければ）無謀でしょう。とはいえ、見て見ぬ振りもできません。おそらくは、警察に通報しつつ、周囲から人を呼び集めたり、大男たちの写真を撮って後の犯人逮捕の証拠としたりすると思います。

では、このとき、あなたの手には（なぜか合法的に）マシンガンが握られていたとします。まず、警察に連絡するのは同じかもしれません。しかし、おそらくあなたは、5人の大男に対して、マシンガンを向けながら「やめろ！」と叫ぶのではないでしょうか。

マシンガンを持っていると、今度はむしろ、こうした事件に巻き込まれそうな現場を探して歩くようにもなるかもしれません。マシンガンがなければ、できれば遭遇したくない事件だったのに、マシンガンを持った途端に、自分が貢献できる事件を探すようになるのですから、面白いものです。

このたとえ話から、あなたの行動は、自分の持っている力（武器）に依存していることがわかると思います。このたとえ話の場合の力は、暴力的なマシンガンでした。しかし、現代社会において、より広範囲に使える力と言えるのは「知は力なり（knowledge is power）」と言うとおり、知識なのです。

介護が客観的に考えて、いかに大変なものであるか、それについては多くの人が直感でも理解していることでしょう。しかし、要介護者や経済の状態が似たようなものであっても、あなたの主観的な負担感は、知識の量（武器）によって大きく異なるのです。

知識がない場合、介護は、要介護者に振り回されるばかりになります。これは受け身であり、バタバタしているだけで時間が過ぎていきます。自分なりに一生懸命やっていても、無力感に襲われることもしばしばでしょう。

しかし、その場に、心身の障害との戦い方についての正しい知識で武装した介護のプロ（傭兵）がいてくれたら、どうなるでしょう。要介護者に振り回されるという状況に対して、積極的に対応できるようにもなるはずです。

介護というテーマにおいては、要介護者だけでなく、介護知識を持たない介護者（家族）もまた、社会的弱者なのです。その救済に必要なのは、介護の知識であり、ここまで述べてきたとおり、本質的にはその勉強です。

しかし現実には、仕事に追われながら、自分で介護の勉強をするだけの時間を確保できるケースなど、ほとんどないでしょう。だからこそ介護のプロが存在しているのです。

不都合な真実と向き合う必要がある

ここで、不都合な真実があります。それは、介護のプロには、非常に優れた人もいれば、そうではない人も多数いるということです。信じられないかもしれませんが、運が悪い人に当たると、むしろ介護離職をすすめられるケースさえあります。

ただ、誤解を避けるために付け加えておけば、ここには、そもそも日本の介護保険制度の設計上の問題があるのです。根本的には、介護のプロの問題ではありません。

日本の介護保険制度は、介護が必要になった要介護者のために誕生しました。このため、制度は、要介護者の支援を進めることを目的として設計されています。そして、日本の介護保険制度からは、介護をする人の負担を減らすという視点がスッポリと抜け落ちてしまっているのです。[注19]

このため、介護のプロは、要介護者を支援することでお金をもらっているのであって、介護をする家族の負担を減らすことからお金を得ているわけではないと考える人も出てきます。実際に、介護のプロが介護をする家族の負担を減らしても、１円ももらえません。

さらに、日本の社会福祉のための財源が枯渇しつつあることから、介護のプロには、介護サービスを使いすぎないようにと、自治体から常に強烈なプレッ

19　この点ではドイツの介護保険制度が進んでいます。ただし日本でも、通所介護やショートステイの基本方針には「利用者の家族の身体的および精神的負担の軽減を図るものでなければならない」というように、一応、家族の負担軽減についても触れられている事例はあり、将来はまったく希望がないわけではありません。

シャーがかかっています。こうした背景から、介護離職を避けるために介護サービスを使うということに難色を示す介護のプロも少なからず存在するのです。

社会福祉のための財源が足りなくなってきていますので、介護のプロには低賃金労働が強いられ、常に人材不足です。[注20] 人材不足の中では、まずは身寄りのない高齢者の福祉が優先されます。心配する家族がいる要介護者の優先順位は、残念ながら低いのです（家族が介護をすればよいという判断につながる）。

また、日本の介護を担う介護事業者は、基本的に民間企業（営利企業）です。介護が必要な親の自宅が、介護事業者の拠点から遠いと、往復のための時間とコストがかかってしまいます。しかも、介護事業者の多くは赤字です。[注21] そんな介護事業者としては、身寄りがないだけでなく、自分たちの拠点から近い要介護者を優先せざるを得ないという事情もあります。

しかし、マクロに見れば、この現状は大きく間違っています。介護保険のための財源は、介護保険料と税金でできているからです。そして今後は、税金の部分がさらに重要になっていきます。

そうした状態にあって、介護離職をする人が増えてしまえば、国の税収も大幅に減ってしまいます。そうなれば、日本の介護は根底から崩壊してしまうのです。本当は、介護保険制度を、介護離職を減らす方向に改革しなくてはいけないのです。将来の介護保険制度の改正に向けた議論では、安倍政権の「介護離職ゼロ」を受けて、この点が審議されつつあります。しかししばらくは、現状が変わらないという前提で考える必要があります。

介護離職につながる「介護パニック期」を抜け出すには、こうした日本の介護保険制度の設計エラーを理解しておく必要があります。その上で、日本の介護をマクロな視点から考えることができ、介護離職を防止することに情熱を燃

20　介護職の待遇は、40歳モデル賃金のランキングにおいて、全63業界の中でもダントツの最下位にあります（東洋経済、『格差歴然！40歳平均年収「63業界」ランキング』、２０１７年9月8日）。このため、２０２５年には、38万人の介護職が不足すると考えられています。

21　毎年、過去最高の倒産件数というニュースが入ってきます。たとえばNHK NEWS WEB、『ことし倒産した介護関連事業者　過去最多に』、２０１６年12月30日など。

やす優秀な介護のプロに出会う必要があるのです。

さらに不都合な真実もあります。こうした、介護離職を防止するために働いてくれる介護のプロは、介護事業者の経営者から低い人事評価を与えられてしまうこともあるということです。なぜなら、介護離職を防止しても、介護事業者の売上には1円も影響しないからです。それこそ、要介護者の自宅が介護事業者の拠点から遠ければ、こうした介護のプロが、赤字の原因を作ってしまうケースもあります。

このような環境においては、介護離職を避けるための相談をする上で、本当に優秀な介護のプロに出会うことがいかに難しいかが理解できると思います。しかし、そうした介護のプロに出会えないと、介護離職のリスクを下げることは（なかなか）できないのです。

とにかく1人、優秀な介護のプロに出会う

そもそも、あなたは、介護のプロの名刺を何枚持っていますか？　先のよう

な背景があるのですから、数名の名刺しか持っていない状態で、運よく、優秀な介護のプロに出会えている可能性は高くありません。

優秀な介護のプロに人脈を作っていくことは、介護離職を避けるための必要条件であり、文字どおり死活問題にもなります。ここもまた不都合な真実なのですが、１人でも優秀な介護のプロに出会っておくと、そこから先は嘘のように楽になることもあります。だいたい、志を同じくする人材はつながっているもので、１人から芋づる式に人脈ができ上がるからです。

人脈の研究においては、ある人のパフォーマンスは、その人が持っている人脈に大きく依存していることがわかっています。[注22] **また、そうして動く組織は、公式な組織図で表現することはできず、非公式で個人的なつながりによるソーシャルネットワーク的なものであることもわかっています。**[注23]

22　Thomas H. Davenport, Laurence Prusak（1997）. Information Ecology. Oxford University Press. p. 288. ISBN 0-19-511168-0
23　Robert H. Waterman, Thomas J. Peters and Julien R. Phillips, "Structure is not organization", Business Horizons, 1980, vol. 23, issue 3, pages 14-26

あなたの日々のビジネスについて考えてみてください。ビジネスは、公式な組織図に沿って杓子定規に進められていますか？　それとも非公式で個人的なネットワークを頼りにしていますか？　公式な組織図も無視できないはずですが、そのほとんどは、個人的に信頼している人々との連携によって動いているのではないでしょうか。

介護についても同じことです。ただ、公式な窓口だけを利用していたら、理想的な介護は実現できません。信頼できる非公式で個人的なネットワークと合わせて、公式な窓口も利用していくという態度が必要なのです。

では、どうすれば、そうした優秀な介護のプロに出会えるのでしょう。そこについて、この後詳しく考えてみます。

介護離職を避けるために理解しておきたいこと

- 介護サービスを利用するには、介護サービスに関する知識が求められる
- 介護の初期に起こる「介護パニック期」を早期に脱する必要がある
- 日本の介護保険制度は、家族の負担を減らすような設計になっていない
- 介護離職を避けることに情熱を燃やしてくれる介護のプロは多くはない
- とにかく1人、優秀な介護のプロに出会うことが大切

方法②

家族会に参加する

家族会という奇跡的な成功事例がある

とにかく1人、優秀な介護のプロに出会うことが大切と言われても、具体的な方法が思い浮かばないという人も多いでしょう。そんなとき、頼りになるのが家族会です。ここから家族会について、詳しく述べていきます。

在宅介護を進めている家族（介護者）は、誰もが、大きな介護の負担と戦っています。調査結果によっては、在宅介護をする介護者の64・5％が抑うつ状態（うつ病一歩手前）にあることが指摘されています。[注24]

そんな介護者にとって、介護の負担を減らすための場になっているのが家族会です。同じ境遇に置かれている人々が集い、愚痴を言い合い、情報を交換して助け合うことで、介護に関する不安が解消されるという報告は多数あります。本音が言えて、ストレスが発散され、精神状態がよくなるのです。

いちど家族会に参加すればわかることですが「あと一歩で、要介護者を殺すところだった」という意見は、一般に信じられている以上に多数あります。ニュースで報道されるような事件は、決して極端な例ではないのです。ギリギリのところで「あと一歩」を踏みとどまっている人がたくさんいます。

もし、まだどこかの家族会に所属していないで、かつ、介護を１人で抱え込んでいるという実感がある場合は、ぜひ、介護のプロに相談しながら、自分に合った家族会を見つけて、顔を出してみることを検討してください。

24　松村香、『介護者の抑うつ状態や介護負担感と『介護に関する困ったことや要望』に関する自由記述との関連』、日本健康医学会雑誌23（２）、125-135、2014-07-31

介護に限らず、なんらかの困難を抱えた人同士が自発的に集まり、会の運営に主体性を持って、お互いの体験を共有し、ときに助け合うような集団のことを特にセルフヘルプ・グループ（self help group）と言います。

このセルフヘルプ・グループの大事な特徴としては、グループの運用を、その道の専門家に任せないという点にあります。専門職に任せないことによって、参加者の横の関係が強化され（＝対等な関係）、専門職に聞けないことから主体性が刺激される（＝専門職の役割の減縮）からです。

もともとは、1935年のアメリカで、アルコール依存症の人々がグループを立ち上げたのがはじまりと言われます。その効果が認められ、後に、アルコール依存症以外にもテーマが広がっていきました。今では、様々な困難を抱える人々が、様々な形でセルフヘルプ・グループを運用しています。

セルフヘルプ・グループにおける「わかちあい」

セルフヘルプ・グループは、まず、同じ困難を抱えている人や、同じ経験をした人が集まるというのが前提です。介護をする家族のセルフヘルプ・グループであれば、介護をする家族以外の部外者は参加できないという排他性の原則が求められます。

このセルフヘルプ・グループが生み出しているのは、参加者が価値を創造し、また、別の参加者が創造した価値を消費するという、価値創造と消費の「わかちあい」です。ここについて、研究論文[注25]を参考に、もう少し詳しく考えてみます。

まず、同じ困難を抱えていないとわかり合えない気持ちがあります。特に「要介護者を殺してしまいたいと思ったことがある」といったネガティブな感情は、溜め込んでしまうのではなく、同じような気持ちになったことのある人と「わかちあう」ことで、発散させる必要があります。自分で自分が恐ろしくなるような深刻な気持ちであっても「介護者あるある」というところに落ち着

25　本間利通、『セルフヘルプ・グループの特性』、流通科学大学論集、経済・経営情報編（2009年）

かせることで、気持ちはかなり楽になるでしょう。

次に、経験からしか得られない情報（たとえば、評判のよい介護のプロやクリニックなど）を「わかちあう」ことは非常に有益です。専門的な知識ではないにせよ、現場の経験から得られる知識というのは、力があります（ビジネスと同じです）。悩んでいる仲間のために、よい情報を探したいという欲求も生まれるため、グループ全体の自発的な情報収集力も高まっていきます。結果として、1人ではとても知り得なかった情報を、グループに参加する皆が得られるようにもなります。

そして最も重要なのが、困難を乗り越えるための考え方の「わかちあい」です。同じ困難を乗り越えた人がいるというだけでも勇気づけられます。さらに、困難を乗り越えるために、何を、どのように考えればよいのかという具体的なところがわかります。その内容は、もしかしたら、専門家でも伝えられることかもしれません。しかし、同じ内容であっても、専門職から聞くよりも、実際にその困難を乗り越えた人から聞いたほうが、抵抗が少なく、スッと胸の奥に入りやすいという点が重要です。

特に男性には家族会に参加してもらいたい

介護をする男性（男性介護者）については、様々な（ネガティブな）特徴が報告されています。そうした報告の多くは、介護のプロの実体験から出ているものが多く、統計的事実とは言い切れないため、一部では「信頼性が低い」と言われたりもしています。とはいえ数はまだ少ないのですが、研究者が統計的に調査した結果としての男性介護者の特徴が論文[注26]として報告されているので、以下、この論文から学べることをピックアップしていきたいと思います。

まず、男性介護者は、周囲に相談することが苦手のようです。そもそも男性は自分の弱さを周囲に示すことを嫌い、介護に限らず、誰かに何かを相談する

26　西尾美登里、et al.、『在宅で認知症を有する療養者を介護する男性介護者の対処尺度項目の検討』、バイオメディカル・ファジィ・システム学会誌、Vol.16, No.1（２０１４年）

という行為自体を否定的にとらえている可能性があります。俗に男性は、どこかで道に迷ったとき、知らない人に道を聞くのも苦手と言いますね。同じことが、介護でも起こっている可能性があります。

また、男性の場合は、なかなかうまく介護ができない自分を責める傾向が強いようです。「他の人だって介護をしながら活躍しているのだから、うまくやれないのは自分が悪い」という具合に、自分自身を責める「自責」をしてしまう可能性があるということです。ビジネスの世界では「うまくいかないのは自分のせい、うまくいったら仲間のおかげ」といった思考を学びます。他人のせいにすることを特に「他責」と言って、それを悪いこととして習います。そうして積み上げてきた責任感が強すぎると、介護においてはそれが裏目に出てしまう可能性もあります。

介護についても、男性は自分でしっかりと勉強し、完璧を求める傾向があるようです。ある意味で、仕事に向かうときの真面目な態度を、そのまま介護に持ち込んでいるとも言えます。一般に真面目であることはよいことかもしれませんが、完璧を目指すと大変なことになるのが介護でもあります。完璧にやろうとすれば、どうしても仕事との両立は不可能にもなるからです。

まとめると**男性介護者は**

①周囲に相談できず、ＳＯＳを出すことができない

②うまくいかない介護について自分を責める

③完璧を求めすぎて、自分で介護のハードルを上げてしまう

という傾向があるようなのです。

だからこそ、男性こそ意識して家族会に参加してもらいたいと思っています。「辛くても歯を食いしばって、自分のことは自分でなんとかするのが男」といった男性社会特有の価値観が、介護離職を後押ししてしまう可能性があるからです。**介護においては、どこかで、自分の肩の力をゆるめて「助けてください」と周囲に頭を下げる必要があります。それは、自分のためではなく、むしろ、要介護者や家族のためなのです。**

ここまでも強調してきたとおり、介護というのはチーム戦であるべきものです。孤立して戦えるものではありません。これを個人技でなんとかしようとしてしまうところに、男性介護者ならではの弱さがあるのだと思われます。男性社会はタテ社会であり、ヨコのつながりで機能するチームを組むということについての学びが足りないのかもしれません。

そもそも「1人でやれるなら、それに越したことはない」というのは、本当でしょうか。介護は、介護のプロに助けてもらいながら、また、周囲から勇気をもらいながら、アドバイスもたくさん受けて、その上で、要介護者まで巻き込んで、チームで考えていくべきものです。さもないと、要介護者は、1人の介護者にのみ依存する形になり、かえって自立(依存先が分散されている状態)が失われることにもなりかねません。

人間は他者がいなければ生きていけない存在です。ですから、他者に助けを求めるのは弱さではなくて、人間にとって生きていくために必要な行為です。むしろ、周囲の人を頼ることを恥として、それから逃げるようにして個人技に走ることのほうが困った弱さではないでしょうか。特に男性は、そうした視点から、いまいちど、家族会への参加の重要性を認識してください。

介護離職を避けるために理解しておきたいこと

●家族会は、様々な効果が認められている80年以上の歴史がある仕組み
●家族会では、優秀な介護のプロに関する情報も得られる
●家族会で多くの事例に触れることで、介護の理解も深めることができる
●特に男性は、介護を抱え込みやすく、相談をしない傾向があるので注意
●家族会への依存は、むしろ、要介護者と自分の自立を同時に高める

方法③

職場の支援制度と仕事環境の改善に参加する

企業は介護離職を恐れはじめている

日本の高齢化にともない、企業における40～50代の労働者数が増えています。そして、親の介護がはじまるのは、ちょうどこの年代なのです。つまり、企業の従業員に占める、仕事をしながら介護をする人の割合が徐々に増えてきているのです。

また、**今の40～50代は、昔の40～50代とは異なり、未婚率も高く、兄弟姉妹が少ないという点も無視できません。ですから、介護がはじまったとき、昔よ**

りも介護の負担を親族で分散しにくいという特徴があります。さらに専業主婦が減っていることも、この問題に拍車をかけています。

これからは、仕事をしながらの介護を、昔よりも少ない人数で担当する時代なのです。そうした人が増えている今、介護離職が爆発的に増加しても不思議ではないでしょう。そして、少しずつその傾向が明らかになってきています。

東京商工リサーチが民間企業７，３９１社に対して実施した調査では、これから介護離職が増えると回答した企業は５，２７２社（71・３％）にもなりました。[注27] 企業はそれだけ危機感を持っており、介護離職を防止するための施策を考えて実装しはじめています。

とはいえ、企業としても、介護問題に直面するのはこれが（ほとんど）はじめてのことです。知識も足りませんし、法改正も多く、ついていくのがやっとという状況なのです。さらに事例も（まだ）少ないことから、どうしてもすべての対応が手探りになります。

27　日本経済新聞、『介護離職「将来増える」企業の７割が回答　民間調べ』、２０１７年１月21日

結果として、企業が従業員のために準備してくれる仕事と介護の両立支援制度は、まだまだ未完成な状態です。残念ですが、法律で定められている介護休業制度をなんとか整えて、簡単な介護研修の提供にとどまっている企業がほとんどというのが現状です。

ただ、まずはあなたが勤務している企業もまた、あなたの介護離職を恐れているということは知っておくべきでしょう。そして、今まさに企業は、介護離職防止のためのより優れた施策を検討し、設計しているところでもあります。

今はまだ、そうした制度が充実していないかもしれません。しかし、場合によっては、あなたの行っている介護をテストケースとして、あなたに合わせた支援制度を構築してくれる可能性もあります（実際に私は、ある企業において、両立支援制度のパイロットテストにコンサルタントとして参加しています）。

「もうこれは、介護離職するしかないかな……」と感じたときは、介護離職を決断してしまう前に、勤務している企業の人事部などに相談をしてみてください。仕事と介護の両立は、あなただけでなく、企業にとっても大切な目標なのです。

介護と両立しやすい仕事の特徴を知り、評価・改善に関わる

仕事と介護の両立について、どういう条件があれば、従業員が「両立しやすい」と感じるかを調査（サンプル数：５９４人）した論文[注28]があります。この調査では、仕事と介護を両立させるために職場に求められるのは３つの要素であることがわかりました。

１つ目の要素は、意思決定権が分散されている職場（分権的な職場）であることです。こうした職場のほうが、少数の権力者に集中している職場（集権的な職場）よりも、仕事と介護の両立がしやすいということです。集権的な職場では、従業員は、決められた仕事を決められたとおりに進めなくてはならない

28　細見正樹、『仕事と介護を両立しやすい職場の特徴について：集権性、相互依存性、職務自由度に着目して』、経営行動科学学会年次大会：発表論文集（17）、２１８-２２３、２０１４-11-08

ため、介護のために仕事を調整することが困難になるようです。

2つ目の要素は、自分の仕事をほとんど自分一人で完結することができて、同僚の仕事とは独立しているような職場（相互依存性の低い職場）であることです。こうした職場だと、仕事と介護の両立がしやすいということです。逆に、自分の仕事が終わらなければ、同僚の仕事も終わらないような職場（相互依存性の高い職場）では、同僚に気遣って、なかなか自由に仕事の速度を調整することができません。結果として、急な介護対応がしにくくなり、仕事と介護の両立は難しくなります。

3つ目の要素は、目標は与えられていたとしても、それを達成するための中身については自由にしてよいような職場（職務自由度の高い職場）であることです。こうした職場では、必要なときに自由に休みを設定することができるため、仕事と介護の両立がしやすいようです。逆に、仕事の進め方まで細かく決められているような職場（職務自由度の低い職場）では、これが難しくなります。

まずは、自分の職場が、これら3つの要素に照らして、どれほど両立に有利な条件が整っているのかを考えてみてください。その上で、有利な条件が整っていれば、介護離職をすべきではないと認識しましょう。仮に介護離職をして、再就職先のほうが両立のための条件が不利だったりすれば、悲惨なことになるからです。

問題は、現在の職場には、こうした条件が整っていないときです。その場合であっても、いきなり介護離職をするのは得策ではありません。まずは、上司や人事部に相談しながら、企業内でより条件の整った仕事に配置転換できないかを考える必要があります。次に、今の職場の仕事のあり方そのものを見直していくことはできないかについても、考える必要があります。

企業としても、今後は、先の3つの要素に沿った職場に変化していけないと、介護離職をおさえられなくなります。そのため、そうした提案をもらえること自体は大歓迎なはずです。あなた自身が両立の成功事例となって、企業をより柔軟な働き方のできる状態に改善していければ、素晴らしいことでしょう。また、そのときの働き方改革のノウハウは、付加価値が高いため、他の企業もきっと欲しがります。場合によっては、コンサルタントとして、そうした働き方改革に関わっていくというキャリアも見えてくる可能性さえあります。

さらに、少し違った視点からも、仕事と介護の両立に成功しやすい仕事について考えてみます。**それは、人工知能（AI）に奪われない仕事をしていると、仕事と介護の両立がしやすいかもしれないという話です。**

現在、世界中で、人工知能（AI）を使った業務効率化が進んでいます。そうした流れを受けて「人工知能によって仕事が奪われてしまうのではないか」という懸念が広がっています。昨今、日本のメガバンクでも大規模なリストラが発表されたとおり、これは懸念というより、もはや現実になりつつあります。

人工知能に奪われそうな仕事ランキングのようなものも多数発表されています（なお、介護の仕事は奪われないほうにランクインする傾向があります）。ただ、こうしたランキングのようなものは、現場のことをあまり知らない学者などが出していることが多いため、信頼性は（それほど）期待できません。

そうした中、人材紹介会社のロバート・ウォルターズ・ジャパン株式会社がアンケート調査をした結果（有効回答数：293人）[注29]、人工知能に自分の仕事が奪われる不安には、年収依存性がありそうだということがわかってきました。調査対象となっているのは、いわゆるグローバル人材（外資系企業やグローバルに事業展開する大手企業に勤務するバイリンガル人材）に限定されている点には注意が必要ですが、とても示唆的です。

まず「自分の仕事がAIに奪われる時が来ると思うか？」との問いに対して「はい（奪われます）」と回答したのは39％になりました。逆に「いいえ（奪われません）」という回答は61％になっています。だいたい4割くらいの人が、人工知能を脅威に感じているということになります。

人工知能を脅威に感じている人材は、その98％が、なんらかのスキルアップによって、この危機を乗り越えようとしていました。上位から、課題解決スキ

29　ロバート・ウォルターズ・ジャパン株式会社、『会社員の6割「AIに仕事を奪われない」と予想　高プロvs一般職　年収差で意識に違い』、2017年11月28日

ル（33・7％）、経営スキル（32・1％）、創造力（28・9％）、情報分析スキル（26・9％）といった具合です。

どれも、経営に近いところで仕事をするためのスキルアップであり、経営者からの距離が遠いと危ないということかもしれません。とにかく、ただ座して危機を待っている人材はほとんどいないというのは、頼もしい限りです。

ただ、先の数字だけでは見えないことがあります。そのためには「高プロ」と呼ばれる人材について、少し理解しておく必要があります。「高プロ」とは「高度プロフェッショナル制度」のことを示す言葉で、一般の労働基準法とは異なる法律で管理する制度や、その制度が適用される人材のことを意味しています。

一般の労働基準法では、基本的に、労働時間は1日8時間、週40時間までであり、それを超過する場合は残業代が支払われなければなりません。休日出勤や深夜残業には割増も必要です。しかし「高プロ」はというと、労働時間の規制や残業代、休日出勤や深夜残業の割増などの支払い対象とはなりません。

その代わり「高プロ」として認定されるには年収が１，０７５万円を超えていることや、時間にしばられない専門性（アナリスト、コンサルタント、研究開発職など）があることが必要条件になります。「高プロ」の場合、いつでも好きなときに仕事をしながら、成果だけで評価されることになります。

そんな「高プロ」に認定されるか、それに近い条件になっている人の場合は、先の質問「自分の仕事がＡＩに奪われる時が来ると思うか？」に対して「はい（奪われます）」という回答が27％にすぎませんでした。これに対して、年収が４５０万円未満の労働者の場合「はい（奪われます）」の割合が54％と「高プロ」の２倍になったのです。

仕事の成果を、労働時間とは関係なく追い求めることができる人材は、仕事時間を自由に設定しやすいでしょう。こうした状態は、仕事と介護を両立する上で、非常に有利になります。なぜなら、介護をしていると、急な対応が求められることも多いからです。

その意味からすれば、ますます高齢化が進む日本において、介護離職を減らしていくということは「高プロ」として働ける人材を増やしていくということでもあるでしょう。そのために必要となるのは、まさに、課題解決スキル、経営スキル、創造力、情報分析スキルといったものになります。

人工知能に仕事を奪われないために努力をすることは、そのまま、介護離職から遠ざかることにもつながるのかもしれません。誰もが「高プロ」として働くことは難しいでしょうが、それでもなお、仕事と介護を両立させていくための方向性のようなものは、これによって示されるのかもしれません。

法定の介護休業制度があっても長期の休みは取らない

いかなる企業であっても、法律には逆らえません。そして、介護のために休んだり（介護休業・介護休暇）、残業を拒否できたり（残業免除）、また、そうした行為によって不当に扱われない（介護ハラスメント防止）ということは、日本の法律で決まっています。

法律とは最低限の倫理にすぎませんから、企業によっては、こうした法定の制度を大きく超えて、より仕事と介護の両立に悩む従業員のための制度を整えているところもあります。

こうした、法定の制度を理解して、それを上手に活用していくことは、介護離職を避けるために必要なことです。しっかりと、人事部（人事部がない場合は上司や経営者）と話をしながら、当然の権利を確保することを忘れないでください。

ただし、ここでどうしても注意しておきたいことがあります。それは、法定では最大で93日まで認められている介護休業制度の使い方です。当然の権利だからということで、93日をめいっぱい休んでしまうと、かえって介護離職の可能性が高くなるかもしれないのです。

マスコミでもよく取り上げられる引きこもりは、なにも、子供にだけ起こることではありません。社会人にも引きこもりは起こります。ここで、これまで引きこもりとは無縁の人生をおくってきた人にとって「ちょっと休む」ことの怖さは、なかなか実感できないかもしれません。

しかし引きこもりに至る心理的なプロセスは、意外と誰にでも起こり得るものであり、そのはじまりは「ちょっと休む」ということなのです。実際に、社会人が引きこもりになる理由として最も多いのは「ちょっと休む」結果として、どんどん職場に適応できなくなってしまうことが最多（28％）なのです。

はじめは、仕事と介護の両立のストレスから逃れるために「ちょっと休む」という選択をしたとします。ですが、その結果として得られるのは、徐々に職場に馴染めなくなっていくということです。短期の休みのつもりが、ズルズルと休んでいる間に、ビジネスの状況はもちろん、職場の環境は変わっていることが多いからです。特に、93日も連続して休んでしまう場合、それ以前にあなたが行っていた仕事は、他の誰かに引き継がれているでしょう。そうなると、職場に復帰しても、あなたの仕事はもうないかもしれないのです。

こうした場合「自分がいなければ仕事にならない」といった自信は、復帰するときには砕かれていきます。自分があまり必要とされていない職場に、自分が戻る理由は、どこにあるのでしょう。そんなことをグルグルと考えはじめると、もう1日くらい休んでおくかという気分にもなります。

いかに、介護のめどがついたとはいえ、復帰してからも、介護のために不規則な有給休暇の取得は必要になるでしょう。そもそも、仕事と介護の両立を考えるということは、職場への適応性を少し下げるということでもあります。程度の差はあれ、出張や残業がしにくくなるのが現実だからです。

このとき、介護休業を終えようとしている人には引きこもりから脱却しようとしている人と同じ困難が突きつけられることになります。もちろん、それを乗り越えられる人もいるでしょう。しかし、そうではない人もいます。自分がこのどちらになるのかは、実際にその場に立ってみないとわからないことだったりもするのです。

介護休業は、かなり長期の休みが認められる制度です。その取得は、介護のめどをつけるためには、確かに必要なものかもしれません。それでも、そこには引きこもりが生まれてしまう心理的なプロセスが、リスクとして大きな口を開けていることは覚えておいてください。

可能であれば、いかにそれが当然の権利であったとしても、長期の休みは避けたいところです。午前休や定時退社を組み合わせつつ、どうしても休む必要があるときは、長期の介護休業ではなく、できるだけ短期に、有給休暇などで対応していくことを考えてください。そして休暇のうちの何日かは、できるだけ、家族との旅行のためなどに残しておくことも忘れないようにしましょう。

介護離職を避けるために理解しておきたいこと

- ●企業のほうも、あなたの介護離職を防ぎたいと真剣に考えている
- ●しかし、介護離職を防ぐための具体策はまだ貧弱であることが多い
- ●自分を両立支援のパイロットケースとして支援制度の充実に貢献したい
- ●分権的、相互依存性が低い、職務自由度が高い職場（高プロ）が有利
- ●法定の制度を確認しながら活用すべきだが、長期休暇には注意が必要

コラム

介護離職の決断を相談しているか？

介護離職をしてしまう人は、それが、自分が生活保護を受給することになるほどリスクのある決断だということを、そもそも理解しているのでしょうか。非常に重い決断なのですから、決断をしてしまう前に、周囲の誰か、特に介護に詳しい人に相談すべきことです。ここに関して、毎日新聞の報道[注30]があったので、そこから一部引用します。

介護を理由に正社員から離職した人に「離職直前に介護と仕事の両立について誰かに相談しましたか」と聞いたところ、「誰にも相談しなかった」が47・8％に上ることがみずほ情報総研（東京）の調査で分かった。

（中略）

離職の理由（複数回答）は「体力的に難しい」が39・6％で最多。「介護は先が読めず見通しが困難」が31・6％、「自分以外に介護を担う家族がいなかった」の29・3％が続いた。

あれば仕事を続けられたと思う支援策（複数回答）は、「介護休業を取りやすくする」27・0％、「上司や人事部門の理解と支援」25・5％、「有給休暇を取りやすくする」24・3％、「残業が少ない」21・7％などが挙がった。

約半数の人が、誰にも相談せずに、介護離職を決断しているということは非常にショックなことです。自分自身が生活保護の受給者になってしまうかもしれないような決断は、可能な限り回避すべきところです。そのための努力には、当然、介護に詳しい人の意見を聞くということがあってしかるべきでしょう。

30　毎日新聞、『介護離職「相談せず」48％ 決断前の情報提供が課題』、2017年5月20日しかし、介護離職をしてしまう人は、そうした行動を取っていないのです。これは大きな問題でしょう。

本章でも繰り返し述べてきましたが、介護離職を避けるには

①介護パニックから脱出するために介護を勉強する
②会社の制度があっても、なるべく長期の休みは取らない
③身体介護と家事の負担は、できるだけ分散する
④自治体の窓口などを活用することを忘れない
⑤自分に合っている家族会を見つけて参加する

といった活動が必要です。

先のニュースにある具体策は、介護離職をしてしまった人の希望として意味のあるものです。しかし、それだけでは、実際には介護離職の回避は困難だという事実にも目を向ける必要があります。

別の調査では、自治体（市町村）の介護窓口に介護の相談をしている介護者は20％にも満たない状況であることがわかっています。[注31]

しかし実は、自治体にこそ、介護のおトク情報が集約されています。自治体ならではの各種介護サービスや支援があり、そうした情報は、自治体の介護窓口を訪れないと（なかなか）わからないのです。

それにもかかわらず、多くの介護者が、自治体の介護窓口を利用していません。たくさんの介護者が、大損をしている可能性があるのです。

自治体の介護窓口は、仕事と介護の両立を支援するための細かい制度を、隅々まで正確に説明してくれます。自治体は国と直結しており、現在、国としては「介護離職ゼロ」を掲げています。ですから、自治体は仕事と介護の両立について、高い優先順位で動いてくれます。こちらのほうが、要介護者の家族として「仕事との両立が不安」という相談をしやすいのは当然なのです。

31　三菱ＵＦＪリサーチ＆コンサルティング株式会社、『仕事と介護の両立に関する労働者アンケート調査』、平成24年度厚生労働省委託調査ただ、自治体では、介護保険課、高齢・障害支援課、高齢福祉課、高齢福祉介護課、高齢者いきいき課……という具合に、それぞれの介護にかける想いを担当部署の名前にしています。統一されていないので、かえってわかりにくかったりもするのです。

ですから、介護のおトク情報を得る旅は、要介護者の暮らしている市町村の受付で「介護の相談がしたいのですが」と言ってみることからはじまります。遠距離介護の場合は、まずはインターネットで確認したり、電話をしてみてもよいでしょう。

また、どこの自治体にも、地域包括支援センターがあります。自治体の介護窓口だけでなく、地域包括支援センターにも足を運んでみることを強くオススメします。「えっ、そんなサービスがあったの?」「えっ、そんな支援があったの?」という発見が、きっとあると思います。

とにかく、介護はそれぞれに個別性が高く、仕事との両立を成功させるには介護の専門知識を持っている人によるアドバイスがどうしても必要です。そうしたアドバイスをもらえる相手を見つけないままに、介護離職を決断すべきではありません。それは、ほぼ間違いなく、恐ろしい負のループへの入り口になってしまうからです。

第3章
介護を自分の人生の一部として肯定するために

「生きる」ということがきちんとできている人は少ない。ほとんどの人は、ただ「存在」しているにすぎない。

——オスカー・ワイルド

第1章では、介護離職のリスクを高めてしまう原因となっている3つの誤解について考察しました。続く第2章では、これらの考察から、介護離職を避けるための具体的な3つの方法について述べていきました。

しかしここまでは、親の介護を「自分に降りかかった災難」として認識し、その影響をできるだけ小さくするという考え方を示しただけです。介護離職は絶対に避けるべきです。しかしそれでも、介護とともに生きるということ自体は、これからずっと続いていきます。

介護は、それへの理解が進んでいかない限り、どこまでもネガティブなものになるでしょう。しかし介護は、ただの面倒ではありません。それをどのような角度から見るのかによって、介護にはポジティブな面も現れてきます。

日々の介護に疲れているなら「まさか介護がポジティブだなんて」と感じられることでしょう。私自身も、介護を全面的に肯定したいとは思えません。実際に「介護がなかったら……」と考えない日はありません。

私は現在、介護離職を少しでも減らすため、介護支援のビジネスを行っています。そうして、多くの介護職（介護のプロ）と関わる中で、彼ら／彼女らの考え方や価値観に触れています。その過程で、私は、介護を自分の人生の一部として（少しは）肯定することもできるようになりました。

最終章となる第3章では、介護そのものからは逃れられないことを覚悟しつつ、それと肯定的に向き合うための指針について考えていきたいと思います。

指針①

介護とは何かを問い続ける

「生きていてよかった」と感じられる瞬間の創造

本書の「はじめに」では「介護とは自立支援である」という定義に触れました。そして自立とは、依存先が分散されていることについても考えました。しかしこうしたことは、頭ではなんとなく理解できたとしても、実感はなかなかわかないものだと思います。

実際に介護をしていたり、他者の介護の苦労話を聞いていると、介護のことを「下の世話」くらいに考えてしまう場合もあります。実際に、認知症になった親が、自分の糞便を投げたり弄んだりする（弄便）のを見るのは、精神的にきついものです。毎日のようにそうした現場にいれば、介護のことを自立支援と感じることも困難になります。

しかし私たちが、介護を「下の世話」だと考え、それが10年以上もの長期間にわたって続くことになれば、どうしても折れてしまいます。ですから、外から見れば同じことをしていても、長期的に頑張れる人と、短期で折れてしまう人の違いを理解する必要があります。

ビジネスでも同じことですが、大事なのは、対象となる仕事に対して自分なりの意義（信念）を持っているか否かです。もっとはっきり言えば、なんのために「下の世話」までしているのかという理由を自分なりに持っている場合と、持っていない場合で、私たちの介護との関わり方は大きく変わるのです。

ここでぜひ、多くの方に知ってもらいたいAさんの介護事例があります（写真も含め、ご本人、ご親族より掲載の許可を得ています）。**少し長くなりますが、大切な事例ですので、他のところは読み飛ばしても、この事例だけは読んでください。**

Aさんは18歳から45年間、ずっと同じ会社に勤め、仕事帰りには行きつけの飲み屋（新橋）で飲んで帰るのが日課でした。結婚する暇があるなら神輿《みこし》を担いでいたほうがよいと、仕事が休みの日は担ぎ手として日本全国を飛び回っていたようです。また、Aさんご自身も、50代のときに実母の介護をしています。仕事と介護を5年間両立させ、最期は自宅で実母を看取っています。

定年まであと半年となった２０１２年の夏、いつもの飲み屋から自宅に帰り、床に就くと、今まで経験したことのないような頭痛がAさんを襲います。あまりの痛さに義姉に電話をすると、すぐに救急車を呼んで病院へ行くよう諭《さと》されました。なんとか力を振り絞り、１１９番へ電話しましたが、Aさんにはその後の記憶はありません。

気がつくとAさんは病室のベッドにいました。思うように左手、左足を動かすことができませんでした。また、すべての歯は抜け落ちていました。そして、医師からは「あなたは脳梗塞により危篤状態となり、あと一歩遅ければ亡くなっていたかもしれない」と説明を受けました。

Aさんは、変わり果てた自分の姿を受け入れることができず、自暴自棄になりました。医師や親族からは、自宅へ帰ることはあきらめ、介護施設へ入所することを提案されます。どうでもよくなったAさんは、言われるがまま、施設入所を決めました。しかしいざ施設と契約する段階となったとき、自分でもよくわからない感情が込み上げ、やっぱり家へ帰ると泣きながら周囲に懇願したのでした。

病院関係者から介護職のところに連絡があり、介護職はすぐにAさんのいる病室を訪れました。はじめて会った介護職に対してAさんが言った言葉は、今でもその介護職の記憶に鮮明に残っているそうです。

「俺には生きる価値がない。あなたに用はないから帰ってくれ」

介護職は、この日は簡単な挨拶だけで済ませるしかありませんでした。その後、この介護職は定期的にAさんを訪ね、少しずつ馴染んでいき、Aさんが自宅へ帰るための準備を進めました。

Aさんは6カ月にも及ぶ入院生活を終え、久しぶりに自宅に戻りました。しかし、それを喜ぶAさんの姿はありませんでした。Aさんは「これからどうやって生きていけばよいのだろう」という不安を抱えていたのです。

それでもAさんは、介護施設に通うことは頑なに拒みました。そのまま、ずっと自宅に引きこもるような生活が6カ月ほど続きました。この期間、Aさんが接する他者は、介護職と親族のみとなってしまっていました。実質的にAさんは、ほとんどの時間を1人で過ごしていたのです。

ある日、入浴介助をしていた介護職が、Aさんを介護施設に誘い出すことに成功します。この介護職は、介護の仕事をはじめる前は板前をしていた人です。Aさんが刺身好きと聞いたこの介護職は「新鮮な魚をさばくから」とAさんを誘ったそうです。

はじめのうちは、Aさんは、そうして介護施設へ通いでやってきても、周囲と打ち解けることはありませんでした。しかし、自宅から外に出る機会が増えるにつれて、少しずつAさんに笑顔が見られるようになってきたのです。そしてAさんは、他者から話しかけられての笑顔だけでなく、自ら冗談を言って笑顔になることも増えてきました。

そのころ、介護職との対話の中で、Aさんは「これからどう生きていくのか」というテーマに触れるようになりました。また、自分が倒れてからの人生を振り返り、当時の心境についても詳しく話すようにもなったのです。

Aさんは「当時は何もかもが嫌になっていた。しかし、いろいろな人に応援してもらい、今は感謝の気持ちでいっぱいである」ということを頻繁に口にするようになりました。

Aさんは、自身に起こったことを受容しつつありました。そしてAさんは、介護職に対して「自分が死ぬまでにやりたいこと」を伝えました。

それらは①行きつけだった新橋の店に行くこと、②神輿を担ぐこと、③結婚すること、でした。

歩行器を持っているAさん／右から２人目

その翌週、介護職はAさんを連れて、その新橋の店（居酒屋）に行きました。たまたま、女将さんが店の外で片づけをしているところに到着しました。そのとき、女将さんは、目をまん丸くしてAさんを見たそうです。女将さんは、Aさんが体調を崩し、そのまま亡くなったと聞かされていたからです。少し時間が経つと、その店に、古くからの常連たちがやってきました。そして皆が「生き返ったAさん」に驚き、尽きない談笑を楽しんだのです。

そんな具合にして、Aさんは、自分の状態に合わせた生き方を少しずつ見つけていきました。日々、生活に必要な動作も反復していましたので、体の動きも退院当時よりもずっとスムーズでした。そして、神輿を担ぐことについて介護職とじっくり話をするようになったのです。

Aさんは、本音では神輿を担ぎたいと思っていました。しかし、神輿を担ぐことはそんなに甘くありません。そしてAさんは、自分が無理やり担いでも、かえって周りに迷惑をかけるだけと、神輿をあきらめていました。

しかし「あきらめることは後でもできます。とりあえずできる一歩を踏み出しませんか」という介護職の誘いに、Aさんはついに腹をくります。

ターゲットとしたお祭りの日まで、9カ月の時間がありました。リハビリを担当する別の介護職（正確には作業療法士）が、段階的に3カ月間のメニューを作り、それを実行するということをしました。こうして書くと簡単なことのように思えますが、Aさんとしては、精神的にもかなり厳しいリハビリになりました。

いよいよ神輿を担ぐ前日となり、Aさんの気持ちも高ぶってきました。担ぐ前に神輿を見てみたいというAさんとともに、祀《まつ》られている神輿を見ていたときです。Aさんに声をかけてきた男性がいました。その男性は神輿会の前会長で、なんと、Aさんの小学校時代の同級生だったのです。現会長さんからAさんのことを聞きつけ、Aさんに声をかけたとのことでした。60年ぶりの再会ではあったものの、すぐに打ち解け、お互い励まし合っていました。

当日、拍子木の合図で神輿を担ぎ上げ、そこにAさんが加わります。事前の取り決めでは3分程度と言われていたのですが、もっと長く担いでいたような気がします。Aさんは担ぎはじめて、しばらくはその雰囲気にのまれ、顔がこわばっていました。しかし、だんだんとまっすぐ前

後ろから介護職に支えられているAさん

を見据え、顔つきが凛々《りり》しくなっていきました。

担ぎ終えた後にAさんは一言だけ「もっと担ぎたかったな」と言葉を発しました。担ぎ終えたAさんには割れんばかりの拍手が起こり、周囲にできた人だかりがなくなるまでに、かなりの時間を要したことは言うまでもありません。

Aさんの笑顔

Aさんは現在、少しずつ、次のステージへ向かっています。介護職は、

Aさんと同じような状態にある人のために、Aさんを講演会の場に立たせようとしています。また、Aさんが今、女性に会うたびに、自分が家を持っていることをアピールしているのは、本気で結婚をしようとしているから……かもしれません。

私は、このAさんの実話に触れて、介護とは、相手が「生きていてよかった」と感じられる瞬間の創造だと考えるようになりました。それに成功したとき、介護する私自身がとても幸せな気持ちになることにも気がつきました。

そう考えたとき、さらに思い当たることがあります。それは、介護というのは、必ずしも、心身に障害を抱えている人にだけ必要なものではないということです。

仮に心身に障害を抱えていたとしても、自分の人生に十分満足しており「生きていてよかった」と感じられる瞬間に恵まれている人には、なんらかの支援は必要でも介護は必要ないのかもしれません。しかし、仮に健康に見えたとしても、自分の人生に絶望しており「生きていてよかった」と感じられない人には、なんらかの介護が必要だと思います。

この違いは、自分で自分の人生を選べるかどうか、すなわち自立にかかっています。人間は、選択肢のない状態には不幸を感じるようにできています。逆に、それなりに選択肢があると、自分の価値観を見つめ、それに合った選択肢を考えるようになります。結果として、限定的な環境にあったとしても自分らしく生きられることになり、人間はそこから幸福感が得られるようになっているのです。

動けるような状態になったら何がしたいのかを問い続け、それがお祭りで神輿を担ぐことであることを見出し、実質的に引きこもり状態にあったAさんの身体能力を回復させ、本人の希望を達成するという一連の流れは、介護本来のあるべき姿を示しているとは言えないでしょうか。

中核症状と周辺症状の違いを理解し、周辺症状に挑む

いかなる病気であっても、そこには中核症状と周辺症状があります。中核症

状とは、その病気そのものが生み出す症状です。周辺症状とは、その病気の症状と、置かれている環境の相互作用によって二次的に生み出される症状です。

たとえば、あなたが風邪になったとします。熱もあり、頭がガンガンします。それにもかかわらず、大切な仕事があって、自宅でパソコンに向かっていました。ここで、熱や頭痛は、風邪という病気の中核症状です。

そうして風邪の中核症状に苦しんでいるところに、上司から電話がかかってきました。「きみ、いつまで時間かけているの？　はやく資料だしてよ！」と言われたとします。この資料は、そもそも上司が顧客から依頼されたものです。しかし上司は依頼されていたことを忘れていて、昨日になっていきなりあなたに依頼されたものでした。辛いですが、上司のこうした態度は、普段から、よくあるものだったとしましょう。いつもなら、我慢できることでした。

しかしあなたは、電話を切った後、近くにあったゴミ箱を蹴り上げ、机を叩きました。普段のあなたなら、そんなことはなかったのです。ただ、風邪の中核症状によってイライラしていたため、こうした行動を取ってしまったのです。そうしてゴミ箱を蹴り上げたり、机を叩いたりする行動は、風邪の苦しみと置かれている環境が相互作用によって生み出した周辺症状ということになります。そもそも風邪でなければ、この周辺症状はなかったのです。

いかに優れた介護であっても、中核症状にアプローチすることは困難です。そこは、医師や医療系の専門職の仕事になります。しかし介護には、周辺症状をコントロールするという大事な命題が残されているのです。

たとえば、先の風邪の例です。上司の電話が「風邪で辛いところ、資料お願いしちゃってごめん。僕のほうでなんとかするから、きみは寝ていて。はやく風邪を治してね。僕は、きみにいてもらえないと、本当に困るんだよ……」と言われたらどうでしょう。それでも風邪の中核症状は変わりません。ですが、ゴミ箱を蹴り上げたり、机を叩いたりするでしょうか。しませんね。むしろ、風邪の苦しみが少し和らいだ気分にもなり、資料を作成するモチベーションまで高まり、身体にムチを打って資料を作成してしまうかもしれません。

この風邪の例は、介護の事例ではありません。しかし介護の場面でも、この風邪の例と同様の周辺症状が見られるのです。つまり優れた介護では、周辺症状が上手におさえられ、要介護者は、中核症状による苦しみはあっても、自分なりの幸福を追い求めることが可能になります。

親の介護においても、要介護者の心身の障害は中核症状です。ここは、家族ではどうにもなりません。医師や医療系の専門職にお願いすることになります（祈るしかありませんが、運がよければ中核症状が回復する可能性もあります）。

しかし、心身の障害を得た親にも、自分らしい人生を求めて頑張り「生きていてよかった」と感じられる瞬間を届けたいとは思いませんか？　それを実現するのが介護であり、そのために日々勉強を重ねているのが介護職（介護のプロ）なのです。

社会福祉の理想であるノーマライゼーションに参加する

ノーマライゼーションは、社会福祉について考えるとき、最も重要な概念の一つとして学ぶものです。ですが、普通に家族の介護をしていても、あまり耳にすることはない言葉でもあります。
ノーマライゼーションは、福祉系の学校ではもちろん、介護系の国家資格の本にも、一番はじめに紹介されることが普通です。それだけ本質的で、できるだけ多くの人に理解してもらいたいということなのでしょう。
東北福祉大学のＨＰより、ノーマライゼーションの定義を引用してみます。

「ノーマライゼーション（Normalization）」とは、障害者（広くは社会的マイノリティも含む）が一般市民と同様の普通（ノーマル）の生活・権利などが保障されるように環境整備を目指す理念です。こういうとすばらしく聞こえますが、逆にいえば、このような思想が出る背景には、障害者を取り巻く環境は、普通ではなかった（アブノーマル）ということなのです。

ノーマライゼーションの背景には、心身になんらかの障害を抱えている人たちの「ただ普通でありたい」という願いがベースにあります。ただ、あまりにも本質的な概念であるため、ときに哲学的でもあり、かえって理解しにくいものになっている感じが否めません。

こういうときは「○○とは何か？」と問うばかりではなく、「○○は何とは違うのか」という否定で考えると、少しだけ話がクリアになります。

ノーマライゼーションは障害を抱えている人たちの訓練をして、できるだけ普通（ノーマル）の生活ができるようにサポートするということ……ではありません。こうした自立支援の方向性も、介護において大事な考え方です。しかしこれは、ノーマライゼーションとは違う概念です。ここは大変に誤解の多いところなので、注意してください。

ノーマライゼーションとは、社会的マイノリティが、哀れみの対象として社会から下に見られるのではなく、社会側の認知を高め、社会環境のほうを社会的マイノリティが普通に暮らせる方向に整備していこうという概念なのです。

ノーマライゼーションの運動を牽引した故ベンクト・ニィリエ（Bengt Nirje）は、ノーマライゼーションの考え方を八つの原則として示しています。

高知市の障がい福祉課のＨＰより、その八つの原則を引用します（一部、句読点など修正しています）。

この八つの原則を読むと、ノーマライゼーションとは、そもそも基本的人権のことなのだということを思い知らされます。この原則が書かれたのは、今から50年近く前のことなので、性的マイノリティへの配慮がなかったり、話が知的障害に限定されていたりする部分もありますが、それでもなお、意味のある提言だと思います。

◇ノーマライゼーションとは、一日の普通のリズム

朝ベッドから起きること。たとえ君に重い知的障害があり、身体障害者であっても、洋服を着ること。そして家を出、学校か、勤めに行く。ずっと家にいるだけではない。朝、君はこれからの一日を思い、夕方、君は自分のやり遂げたことをふりかえる。

一日は終わりなく続く単調な24時間ではない。君はあたりまえの時間に食べ、普通の洋服を着る。幼児ではないなら、スプーンだけで食べたりはしない。ベッドではなく、ちゃんとテーブルについて食べる。職員の都合で、まだ日の暮れぬうちに夕食をしたりはしない。

◇ノーマライゼーションとは、一週間の普通のリズム

君は自分の住まいから仕事場に行き働く。そして、別の所に遊びに行く。週末には楽しい集いがある。そして月曜日にはまた学校や職場に行く。

◇ノーマライゼーションとは、一年の普通のリズム

決まりきった毎日に変化をつける長い休みもある。季節によってさまざまな食事、仕事、行事、スポーツ、余暇の活動が楽しめる。この季節の変化のなかでわたし達は豊かに育てられる。

◇ノーマライゼーションとは、あたりまえの成長の過程をたどること

子供の頃は夏のキャンプに行く。青年期にはおしゃれや、髪型、音楽、異性の友達に興味を持つ。大人になると、人生は仕事や責任でいっぱい。老年期はなつかしい思い出と、経験から生まれた知恵にあふれる。

◇ノーマライゼーションとは、自由と希望を持ち、周りの人もそれを認め、尊重してくれること

大人は、好きなところに住み、自分にあった仕事を自分で決める。家にいてただテレビを見ていないで、友達とボーリングに行く。

◇ノーマライゼーションとは、男性、女性どちらもいる世界に住むこと

子供も大人も、異性との良い関係を育む。十代になると、異性との交際に興味を持つ。そして大人になると、恋に落ち、結婚しようと思う。

◇ノーマライゼーションとは、平均的経済水準を保証されること

誰もが、基本的な公的財政援助を受けられ、そのための責任を果たす。児童手当、老齢年金、最低賃金基準法のような保障を受け、経済的安定をはかる。自分で自由に使えるお金があって、必要なものや好きなものが買える。

◇ノーマライゼーションとは、普通の地域の普通の家に住むこと

知的障害だからといって、20人、50人、100人の他人と大きな施設に住むことはない。それは社会から孤立してしまうことだから。普通の場所で、普通の大きさの家に住めば、地域の人達の中にうまくとけ込める。

介護という文脈でこの八つの原則を考えてみると、要介護者を介護施設にとどめておくことは、決して理想的とは言えないことが明確になります。だからといって、要介護度合いの高い人を、ただ家族の犠牲のもとに置くような在宅介護も間違っています。

理想は理想であって、現実的な課題の解決から目をそらすことはできません。とはいえ、理想がない限り、社会レベルでの変革もないでしょう。いつの日か、介護施設という発想自体を「過去の野蛮なもの」として振り返るときが来るのかもしれません。

そして、介護に関わる私たちは、ノーマライゼーションがやってくるのを待っている立場ではありません。私たち自身が、ノーマライゼーションの理想に近づく行動を起こしていく側にいます。もちろん、無理のない範囲でのことであり、このために自分の人生を犠牲にする必要はありません。

また、こうした活動をしていると、心ない人から、嫌なことを言われたりもしますが、ともに頑張りましょう。

介護を自分の人生の一部として肯定するために

- ●介護とは何かを、自分なりに問い続ける
- ●介護とは「生きていてよかった」と感じる瞬間の創造である
- ●自分の人生を自分で選ぶための選択肢を作ることが介護の実務
- ●中核症状と周辺症状の違いを理解し、周辺症状に挑む
- ●なんらかの障害を抱えていても「普通」に生きられる社会を求めていく

指針②

親と自分についての理解を深める

認知症を覚悟しておく必要がある

人口ボリュームの大きい団塊の世代が、2025年には75歳以上の後期高齢者となります。厚生労働省は、この2025年には、認知症に苦しむ人が700万人を超えると予想しています。さらに、その予備群である軽度認知障害（MCI）まで含めると、その数は1,300万人を超えるという予想もあります。[注32]

認知症は、記憶の障害をともなう判断力の低下など、多くの課題を引き起こすものです。特に、在宅介護において認知症があると、介護者（家族）の対応は本当に大変になります。

こうした認知症が原因である（と考えられる）行動上の障害のことを、国際的にはＢＰＳＤ（Behavioral and Psychological Symptoms of Dementia）と言います。日本では「認知症の行動・心理症状」と翻訳されることが多いようです。

本題に入る前に、まずは、認知症についての認識を深めるため、ややくどいかもしれませんが、このＢＰＳＤについてもう少し考えてみます。

ＢＰＳＤの現れ方は、認知症の高齢者ごとに異なります。このため、なかなか一般的な対処法が生まれてこないことが、とても難しい問題として認識されています。少なからぬ人が「こうすればいい」と発信しますが、それが、すべての認知症に効果があるというケースはなく、これもまた混乱の原因となって

32　Yahoo!ニュース、『日本社会が直面する、認知症「１３００万人」時代』、２０１７年３月25日

います。

対処法はともかくとして、まずはBPSDを分類することからはじめてみます。これを大きく4つに分類している論考[注33]があるので、それを参考に、以下にまとめてみます。

①易刺激性（いしげきせい）とは、ちょっとしたこと（刺激）で、不機嫌になるようなBPSDです。これは、アルツハイマー病の初期や、認知症には至っていない軽度認知障害（MCI）にも見られます。自分の物忘れのひどさなどを自覚した人は、将来を悲観したり、不安になったりします。そうした焦りのような感情に常にとらわれることで、ちょっとしたことでも激しく怒るような状態になるようです。

ここで、ひどい物忘れを他者から直接的に指摘されたりすると、易刺激性から病的な焦りや興奮へと発展してしまいます。さらに悪くなると、身体に触れられることを嫌がったりして、興奮から暴言（大声で叫ぶ、ののしる）、暴力（叩く、蹴る）、拒絶、そして自分が介護されることへの強い抵抗を示すこともあります。

②精神病症状の要素の関わる症状もあります。自分に異常があるという認識がない（病識がない）状態で、矛盾や異常性に気がつくことなく行動してしまうというBPSDです。

アルツハイマー病の場合、記憶障害や、時間感覚の誤認などを背景にしていることが多いようです。徘徊《はいかい》（他者から見ると、無目的にウロウロしているように感じられる状態）などにもつながります。特に、自分の大事にしているものが何者かに盗まれたという「もの盗られ妄想」は、この症状でよく見られるものです。

この病状が進行すると、テレビと現実の区別がつかなかったり、配偶者などが他人と入れかわっているように感じられたりと、様々な妄想が出現してしまいます。パーキンソン病の場合、本来は、身体の緊張が低下している睡眠時に、

33　高橋智、『認知症のBPSD』、日本老年医学会雑誌48巻3号（2011年）

こうした緊張の抑制が起こらず、夢の精神活動が行動に表出されてしまい、寝言、叫び声をあげる、激しく体を動かす、壁を殴る蹴るといった行動が見られることがあります。

③不安、同じ質問の繰り返し、うつ病など感情障害が関わる症状もあります。アルツハイマー病における不安は、自らの記憶障害を自覚するとすぐに出現します。軽度認知障害（ＭＣＩ）の段階でも、約15％の人にこうした不安が認められているそうです。

記憶の障害によって、過去と現在、現在と未来のつながりが失われます。また、自分自身の言葉に矛盾を感じ、自信を失い、そして不安になり、何度も同じ質問を繰り返すといった状態にもなります。

進行すると、不安感から、介護者（家族）から一時も離れようとしなくなる例もあります。将来への不安、焦りから、うつ病に至ってしまうこともあります。ただ、病気が進行すると、自分が認知症であるという認識も消えるため、こうした症状が原因となるうつ病も減少していくようです。

④感情がなくなる、食行動異常など、アパシーと呼ばれる症状もあります。興味や意欲が極端に低下し、置物のようになる状態です。

アルツハイマー病では、初期段階からすでによく見られる症状とされます。趣味や社会活動への関心が薄れるだけでなく、自分の周囲に対しても興味を失ってしまいます。

アパシーとうつ病は、専門家でもその判断に悩むことがあるそうです。現実には、この両方が混在していることも多いのでしょう。これが、食行動異常として、食べられないものを食べる異食や、異常な量を食べる過食、逆に食べないという拒食といったことにつながることもあります。

親には名前があり、その名前での人生がある

あなたは、自分の父親の元カノ（昔付き合っていた女性）を知っているでしょうか。母親の元カレ（昔付き合っていた男性）を知っているでしょうか。父

親や母親には、あなたを授かる以前にも人生があり、そのときの人生もまた、あなたの現在の親を形作っているのです。

特に親が認知症になった場合の介護では、そうした過去も含めて、親の人生そのものに対する理解が重要になります。なぜなら、認知症になると、今日のことは忘れてしまうのですが、昔の記憶はしっかりと残っていたりするからです。

たとえば、認知症になった母親が、毎日、夕方の16時になると自宅からいなくなってしまうという事例がありました(実話ですが、プライバシーに配慮して、一部事実とは異なる脚色がなされています)。いわゆる徘徊です。

こうしていなくなった母親は、数時間後に自分で帰ってくることもあるのですが、行方不明になってしまい、後になって警察から連絡が入ることもありました。この母親と同居して介護をしていた息子は、毎日、16時までに自宅に帰る必要に迫られ、介護離職をすべきかどうか、とても悩んでいました。

息子は、16時になると自宅を出ていこうとする母親を毎日叱っていました。

「出てはだめだ！　また警察のお世話になるのか！」という具合です。すると母親は、この息子に暴力をふるい、わめくようになりました。息子は、暴力をふるう母親のことを、介護職に任せることはできないと考えました。息子は、そうして地獄の16時を、毎日、自宅で過ごしていたのです。

認知症になると、意思の疎通は困難になります。ですから「どうして、毎日16時に外出しようとするの？」と母親に聞いても、答えは返ってはきません。悩んだ末に、息子は、ベテランの介護職に相談しました。

その介護職は、息子の伯父（母親の兄）に連絡をとりました。そして、16時という時間についてのヒントをもらったのです。息子の伯父によれば、その時間は、まだ幼かったころの息子が、幼稚園のバスに乗せられて帰ってくる時間ではないかとのことでした。

そこで、このベテランの介護職は、16時になって自宅から出ていこうとする母親に対して「今日は、息子さんは幼稚園のお泊まり会で、帰ってきませんよ。バスも今日は来ませんよ」と伝えました。このとき、幼稚園のお泊まり会に関する通知（の偽物）まで作ってありました。母親は、通知を見ながら「そうだったかね？」と言い、部屋に戻っていったのです。母親は、昔の鮮明な記憶の世界において、毎日16時に、幼い息子を迎えに行っていたのです。それは、他人から見たら徘徊にすぎないのでしょう。しかし、この母親にとっては、愛する息子に寂しい思いをさせないための当然の行動だったのです。それを止めようとする存在は悪であり、暴力をふるってでも戦うべき敵に見えていたとしても、当然のことです。

これ以降は、16時には介護職が自宅に来て、毎日、同じ（偽の）説明を繰り返すだけで、母親は勝手に自宅から出なくなりました（その代わり介護職に付き添われての買い物などを楽しんでいます）。息子は、仕事を早退する必要がなくなり、地獄の16時は綺麗さっぱり終わったのです。それどころか、この息子は、16時になると、自分は母親に深く愛されていたことを思い出すようにもなりました。ネガティブな介護が、ポジティブな何かに変化した瞬間でもあります。

認知症という中核症状は、治ってはいません。しかし、決まって16時に徘徊しようとし、それを止めると暴力をふるわれるという周辺症状は消えています。この母親からは、息子が寂しい思いをするという不安もなくなっているでしょう。息子の仕事と介護の両立も進んでいます。

この実話において、もし、伯父が16時の意味に気づかなかったらどうなったでしょう。認知症の周辺症状としての徘徊や暴力は、おそらく、消すことができなかったと思われます。

優れた介護を実施するには、親の人生について、この細かさでの情報が必要になるわけです。可能であれば、認知症になる前に、そうしたことを親から直接聞けているのが理想的です。

最も悲しいのは、親が死んでから、葬儀場で、親族から、知らなかった親の一面についての話を聞くことです。また、写真の整理をしていて、親の中学時代の集合写真などを見たとき、どれが自分の親なのかわからないということもとてもつらいものです。

自分という人間が生まれた背景には、どのような親の人生があったのか、できるだけ親が元気なうちに、聞いておくべきだと思います。そこにはきっと、自分と同じことに悩み苦しんだり、また、同じことに喜んだ人生があるはずです。これは単なる感情論ではなくて、介護離職を避け、周辺症状を上手におさえた、より優れた介護を実現するためにも必要なことなのです。

目標のある人生を歩むということ

介護の計画のことを特にケアプランと言います。一般には、公的資格であるケアマネジャー（介護支援専門員）の資格を持っている人が作成します。

このケアプランの要になるのは、短期目標と長期目標です。簡単に言えば、それらは生きる目的であり、必要があればこそ辛いリハビリも頑張れるのです。ケアマネジャーの質は、この短期目標と長期目標の立て方で決まるとも言われます。

親の介護において注目すべきところも、こうした目標です。心身の障害によって限定されてはいても、人間は幸福のうちに生きることが可能です。そうした限定があってもなお、何をしたいのか、どういう目標を持って生きたいのかは、非常に重要なことです。

定年退職をするまでは、目標というのは、ある程度までは、周辺が決めてくれたかもしれません。それらは職場の上司から言い渡された目標だったり、社長になるという夢のような目標だったかもしれません。いつか、家族と一緒に海外旅行をしたいという目標もあったかもしれません。

こうした目標は、今という時間を、将来のための手段にします。将来における何かを目標とすればこそ、今は辛いことでも、なんとかそれを克服したいという気持ちにもなれるのです。

しかし目標を失ってしまえば、人間には今しかありません。その今が、心身の障害に苦しむばかりであれば、なんのためにこの理不尽な世界で嫌な思いをしながら生きているのかがわからなくなります。

先の神輿を担いだAさんの事例を思い出してください。神輿を担ぐという目標があればこそ、Aさんと介護職は、意義のあるコミュニケーションをすることができました。また、苦しいリハビリも乗り越えることができました。そして、その目標を達成することにより、Aさん自身だけでなく、周囲の人々まで幸せな気分になれたのです。

目標がある人を支援することは、比較的容易です（もちろん、目標の難易度にもよりますが）。しかし目標がない人の支援をするには、そもそも、どのような支援が、どうして必要になるのかというところからして混乱するものです。

試合のない練習は、ただどこまでも辛いだけです。生きることには、多くの困難がともないます。しかし、それが「どこにつながっているのか」がわかれば、困難を乗り越えることの中に、喜びを見出すことも可能になるのです。

介護を自分の人生の一部として肯定するために

- 親が認知症になれば、意思の疎通は困難になる
- 親に関する情報が十分にあれば、よりよい介護ができる可能性が高まる
- 親が元気なうちに、親の人生についての理解を深めておきたい
- 目標のある人とは、コミュニケーションが成立し、支援しやすい
- 試合のない練習は、ただどこまでも辛いだけかもしれない

指針③

人生に選択肢がある状態を維持する

介護離職をするしか選択肢がないと考える場合

介護離職をして、自分で親の介護をする以外の選択肢を持たないとき、あなたの幸福は確実に失われます。なぜなら、先にも述べたとおり、選択肢のない人生において、あなたらしさは発揮されないからです。

その状態では、自分はどうありたいのかという価値観を問うことが無意味になります。選べないのですから。そして、自分はこのたった一度の人生でどう生きていきたいのかと問うことが無意味になったとき、私たちは自分の人生そのものに疑問を持つようにもなるでしょう。

この状態に至った場合、介護が必要なのは、あなたの親ではなく、あなた自身ということになります。誰かに介入してもらい、自分で親の介護をする以外の選択肢を得る必要があります。そして、そこに介入してくれるのが介護のプロであることは言うまでもありません。

あなたが、親の介護をしながら幸福になるためには、そのときに求められる親の介護を自分でやるのか、それとも介護のプロに任せるのかが選べる状態を維持することが重要になります。これが選べなくなったとき、あなたは不幸になるし、親もまたそれによって不幸になります。

最後の最後で、親のために介護離職をするくらいなら、親に介護施設（または医療施設）に入所してもらったほうが賢明かもしれません（もちろん、ケースによってはそうではない可能性もありますが）。ノーマライゼーションの理想には反しますが、そうした施設には介護のプロがいますので、親の自立については、あなたが介護離職をして介護をするよりは優れた状態を維持できます。

ここで、本当に苦しい状態になったときの選択肢として、生活保護について、少し詳しく述べておきたいと思います。

日本では、全人口の1・6％しか生活保護を受給していません。これは、先進諸外国と比較しても、相当に低い数字です。たとえば、ドイツでは9・7％、イギリスでは9・3％、フランスでは5・7％が生活保護を受給しています。

この原因としては、日本の場合は、本来であれば生活保護を受給すべきなのに申請していないか、申請しても却下されている人が多いからとされます。

専門的には捕捉率と言って、生活保護が必要な人の何割が実際に生活保護の支給を受けているかという評価基準があります。この評価基準では、日本は15〜18％程度の捕捉率になります。

これは、ドイツの65％、イギリスの47〜90％、フランスの92％と比較しても、かなり恥ずかしい数字と言えます。[注34] 生活保護は正当な権利ですから、必要であれば、誰もが使える状態でなければなりません。

日本では、生活保護というとすぐに不正受給の話になりがちです。しかしデータからは、日本における不正受給は、全体の0・4%程度にすぎないことがわかっています。もちろん不正受給はよいことではありません。しかし、大多数の生活保護は、本当に必要だから受給しているというのが実情なのです。

日本には、おかしな空気もできています。たとえば過去、芸能人の親が生活保護を受けていて問題視されたことがありました。しかし、日本の民法では、強い扶養の義務（生活保持義務）が発生するのは、夫婦間と、親による未成年の子供に対するものだけです。成人した親子の間には、お互いに対する強い扶養の義務は発生しないのが日本の決まりなのです。

仮に、自分が普通の生活をしているとします。そして親の財産がなくなり、生活ができなくなった場合は、自分のお金を持ち出すのではなく、親が生活保護を受給するということも検討すべきなのです。それに問題を感じるのであれば、ワイドショー的な野次馬アプローチではなくて、きちんと法改正に向けた

34　日本弁護士連合会、『今、ニッポンの生活保護制度はどうなっているの?』、2014年4月

動きをすべきところです。

確かに、生活保護のための費用が大きくなると、国の財政を圧迫する可能性も出てきます。しかし、日本における生活保護のための費用はGDPの0・5%にすぎません。これは、ドイツの3・4%、イギリスの2・8%、フランスの3・9%、そしてOECD平均の3・5%と比較しても、極端に小さな数字です。

また、生活保護で受給できる金額が、最低賃金や年金よりも大きいという不満を見かけることもあります。しかしこれは、逆に、最低賃金や年金の金額のほうが安すぎるという方向に考えなくてはいけないのではないでしょうか。

介護をしていると、生活保護の存在が身近に感じられるようにもなります。親に生活保護を受けてもらうという視点もあれば、介護離職をしてしまい、自分の生活が困窮した結果としての生活保護の申請もあるでしょう。たとえ自治体の窓口で冷たくあしらわれたとしても、生活保護は、当然の権利です。必要であれば、申請をためらわないようにしてください。

生活保護は、人生の選択肢を増やすための一時的な手段です。そうしてまた、一時的な生活保護によって自分の人生を確立したら、生活保護から卒業すればよいのです。

高齢者福祉の３原則（アナセンの３原則）

デンマークでは、１９７９～１９８２年の間に、党派を超えた高齢者問題委員会が設置されています。この最後の１９８２年に、世界的に有名な「高齢者福祉の３原則」が打ち出されました。この委員会の委員長が、ベント・ロル・アナセン（Bent Rold Andersen）氏です。

この「高齢者福祉の３原則」をはじめとして、デンマークの高齢者福祉に対して、アナセン氏が与えた影響は大きいと考えられています。そのため「高齢者福祉の３原則」は、ときに「アナセンの３原則」とも呼ばれることがあります。

アナセン氏は、デンマークのコペンハーゲンで生まれ（１９２９年）、コペンハーゲン大学を卒業後、福祉省に入省しています。後に、母校であるコペンハーゲン大学の准教授となり（1962〜1972年）、ロスキル大学の教授にもなりました（1972〜1975年）。高齢者問題委員会の委員長を務めた後は、福祉大臣にもなっています。

この高齢者問題委員会が打ち出した「高齢者福祉の3原則（アナセンの3原則）」とは

①生活継続の原則
②自己決定の原則
③残存能力活用の原則

です。[注35]これらは、現代の日本の介護においても、根底に流れる大事な哲学になっており、人生に選択肢を残しておくことの重要性にも強く結びついています。以下、それぞれについて、もう少し詳しく考えてみます。[注36]

生活継続の原則は、いかに心身が弱り、厳しい状態になったとしても、その

人の生活は、できる限り、それまでの生活が継続されるべきだという考え方（ageing in place）です。

これは、別の角度から考えると、老人ホームなどでの介護（施設介護）は理想ではないことを示しており、自宅での介護（在宅介護）を支持しています。仮に施設介護が必要ということになっても、そもそもデンマークでは、そうした介護施設はあたかも普通の住宅のようになっています。そこでは、それまでの生活が少しでも継続されるように、使い慣れた家具などを自室に持ち込めるのです。実は、高齢者が生活環境を変えることには、現役世代が想像する以上のストレスがあり、様々な病気（特に認知症）が悪化することが知られています。便利だから、都合がよいからと安易な理由で、過去の生活を断ち切ってしまわないような配慮が必要なのです。

35　関龍太郎、『デンマークの高齢者福祉政策をささえるもの』、海外社会保障研究Spring 2008, No.162
36　猪狩典子、『デンマークに学ぶ高齢者福祉』、intelplace、#118、March 2013

自己決定の原則は、いかに心身が弱り、厳しい状態になったとしても、生き方や暮らし方については、あくまでも自分で決定すべきであるという考え方です。

本人がどうしたいのかという意思が最も重要であるという考え方自体が、日本ではあまり根付いていない可能性もあるので、特に意識する必要があります。実際に、日本の場合は、周囲に迷惑がかかるとか、親の教育方針とか、他の人の意見を尊重するといった考えが浸透しすぎていると感じます。

今晩の食事を尋ねられても「なんでもいい」と回答するのは、決してよいことではありません。自分の人生を自分で決めるというのは、その成功も失敗も、責任はすべて自分にあるという文化の存在が前提になります。この部分については、デンマークの考え方を、そっくりそのまま日本の高齢者に当てはめるというよりも、日本の文化が変化していかなくてはならないのかもしれません。

残存能力活用の原則は「できないこと」をケアするのではなく、まだ「できること」を認め評価するという考え方です。デンマークでは「手を差し伸べ

る」のではなくて「背中に手をまわす」ことが大切とされます。

日本のおもてなし（ホスピタリティー）の考えでは、相手の求めることを先回りして行うことがよいとされます。しかしこれは高齢者福祉の場面では逆に働いてしまう可能性があります。

本人が自分でできることまで先回りしてしまうと、まだ残されている能力が弱体化してしまう可能性が高いからです。あくまでも現場の噂レベルの話ですが、ホテルのように豪華な高級老人ホームでは、認知症が進んでしまうと言われることもあります。

デンマークでは「介護が必要な人」に対して至れり尽くせりのサービスを届けるのではなく「生きる主体性を持った大人」に対して自分のことは自分で行ってもらうという「当たり前」が大切にされているのです。

シーシュポスの神話

カミュの著作に『シーシュポスの神話』（新潮社）という短編があります。

私には、2000年ごろ、インターネットの掲示板でとても仲よくなった人（ハンドルネーム：イトさん）がいました。彼とのチャット中、最も好きな本の話になり、私は彼にこの短編を紹介してもらったのです。そうしてこの短編を読んでから『シーシュポスの神話』は、私にとって、とても大切な一冊になっています。

主人公であるシーシュポスは、なんらかの理由によって、神々から怒りを買ってしまいます。そのためシーシュポスは「岩を山頂まで押して運ぶ」という罰を受けます。

岩は、シーシュポスがそれを山頂に運び終えたと思った瞬間に、山の下まで転がり落ちます。シーシュポスは山を下りて、また、同じ岩を山頂まで押して運ぶということを繰り返すのです。

神々がシーシュポスに与えたのは、これが永遠に続くという不条理な罰なのです。シーシュポスは、しかし、山を下りていくときに、自分の思考が自由であることに気がつきます。シーシュポスは、自分がこの岩よりも強いことを自覚し、神々の罰が無効であることを確認するのでした。

この『シーシュポスの神話』が問いかけるのは、**自分ではどうにもならない制約の中で（神を恨みたくなるような状況にあって）人間は自由を獲得できるのか**ということです。これと同じテーマを取り扱った本としては、ナチス・ドイツの収容所を生き延びたユダヤ人の精神分析学者であるヴィクトール・E・フランクルによる『夜と霧』（みすず書房）が有名です。

ナチス・ドイツの収容所では、多くの人が死んでいきました。その中を生き抜いたフランクルがたどり着いたのが「ここで必要なのは、生きる意味についての問いを百八十度方向転換することだ。わたしたちが生きることからなにを期待するかではなく、むしろひたすら、生きることがわたしたちからなにを期待しているかが問題なのだ」という考え方だったのです。

介護もまた、その程度にもよりますが、私たちの人生に太くて重い鎖を巻きつけてきます。それは大きな制約であり、ケースによっては、収容所と言ってよいような場合もあるでしょう。そうした状況において、人間はどのように振る舞うことができるのかに悩む人々が『シーシュポスの神話』や『夜と霧』を読んできました。

その読者にすぎない私たちが、シーシュポスやフランクルのように振る舞えるかはわかりません。ただ、置かれている状況に絶望ばかりしているのは、よいことではないはずです。環境そのものを変化させる余地がなく、大きな制約は変えられないとしても、私たちには、自分の絶望と戦う余地が残されています。

シーシュポスの場合は、永遠という時間の中で、神々でさえ絶望としか感じられない環境が与えられました。しかし私たちの介護は、決して永遠に続くものではありません。それがいかに長期であっても、介護にはいつか、必ず終わりがやってきます。

ナチス・ドイツの収容所にいたフランクルの苦しみにも、終わりがありました。そして収容所から出たフランクルは『夜と霧』を書き残しました。**あなたは、あなたの介護が終わったとき、どのような物語を書くのでしょう。**いつか、私にもその物語を読ませてください。それはきっと、介護に苦しむ多くの人々にとって、救いの物語に違いありません。

介護を自分の人生の一部として肯定するために

- ●自分も親も、選択肢がある状態が維持されないと不幸になることを知る
- ●自分で介護をするか、介護のプロに任せるかを選べる状態を維持する
- ●その状態が維持できないときは、介護のプロに介入してもらう
- ●選択肢がなくなったときは、生活保護を活用することを考える
- ●あなたの介護が終わったとき、あなたは何かを書かなければならない

コラム

介護によって管理職への道をあきらめるとき

介護のはじまるタイミングが悪いと、中間管理職への昇進をあきらめたり、場合によっては役員のオファーを断ることになるケースが実在します。あまり、表には出ませんが、そうした場面に直面した人を、私は複数人知っています。

経営者や人事は、これを問題として考えてはいます。しかし、何か本質的に有効な対策が取られているわけではありません。どんなに支援の重要性を言いたてたところで、組織のリーダーになっていくということは、その責任と報酬に見合った犠牲が強いられるのは、仕方のないことだからです。

ここ一番のトラブルで、ビジネスの現場にいられないことは、責任をまっとうできないことにもなります。そうしたことを考えると、介護がはじまるタイミングによっては、どうしても受けられない昇進や昇格というのが（今はまだ）存在してしまうのです。

ではなく、むしろスペシャリストとしてのキャリアを考えていく必要もあるでしょう。

特定分野の専門家として、いざとなれば独立できるようなレベルで、特定の知識を積み上げていくことが、介護離職のリスクを下げます。介護の対応で出社できないとき、細切れの時間であっても、資格の勉強などをしておきましょう。個人として、社内外の人からの信頼を得て、豊かな人脈を築いておきましょう。

そして、ここが最も重要なところですが、会社の仲間たちに、介護とは何か、伝えられる存在になっていきたいところです。可能なら、ロールモデルとして、会社内の介護リテラシーを高めるために、経営者や人事部に協力できたら最高です。それによって、いつかはまた、管理職への道も開けるかもしれません。

仕事と介護の両立は、かなり大変です。ただ、仕事と介護を同時にこなしているからといって、死ぬわけではありません。いかに悩んだところで、仕事の専門性を高めながら、介護そのものについても学び続けていくことが、私たちが具体的にできることのすべてです。

不運を嘆いても、未来は変わりません。自分でコントロールできることを、しっかりとコントロールすることで、開けてくる世界もきっとあると信じています。

おわりに

愛されているという驚きほど、神秘的な驚きはない。それは人間の肩に置かれた神の指なのだ。

――チャールズ・モーガン

ビジネスパーソンとしてキャリアを形成し、この社会に大きな足跡を残していくことは、とても大切なことだと思います。そのために、普段の私たちは、たくさんのことを我慢しながら、仕事を頑張っています。

ですが同時に「なんとも表現しがたい不安」にもとらわれてきたのではないでしょうか。とはいえ、その不安の根源がなんなのか、立ち止まって考えているような余裕はありません。私たちは、そうしてまた、いつもと変わらない忙しさの中に埋没していくのです。たまには休みたいという気持ちもあるでしょうが、それなりに充実した日々を過ごしてきたことでしょう。

親の介護は、そんなまったりと充実した日常を、ある日突然、破壊してしまいます。漠然と「いつかは介護することになるのかな」などと、のんきに考えてきたことが、一気にシビアな現実となります。それが「なんとも表現しがたい不安」の一部だったことに気づいても、時すでに遅しなのです。

それまでは当たり前にこなせてきた仕事が、介護に邪魔され、こなせなくなります。ニュースで話題になる「仕事と介護の両立」など、とても不可能なことに思われます。職場では、同僚に迷惑もかかります。はじめは同情してくれていた上司も、だんだんと厳しくなっていきます。そして、その職場で出世していくという「普通の道」は完全に閉ざされたと実感することになるでしょう。最終的には、会社を辞めることを深刻に考えるところまで行き着きます。

実は、これら一連の流れは、20代のころから、ずっと私自身が経験してきたことです。私もまた、20年以上にわたる母親の介護を通して、こうした状態に長く苦しんできました。

私は、母子家庭の一人っ子として育ちました。私の母親は、私が物心ついたときから、長く精神病を患っていました。私が大学生になり一人暮らしをはじめてからは、母親もまた一人暮らしになってしまっていました。そして一人暮らしをしている間に、母親の精神状態はどんどん悪化していったのです。毎年2〜3回は入院し、数カ月後に退院するということを繰り返すようになってしまいました。

それでも、私が国内で仕事をしていたころは、まだ、なんとか対応できていました。当時の私が勤務していた職場には、私が母親の介護をしていることを内緒にしていられたくらいです。

しかし、母親の入院費用がかさみ、普通に日本企業に勤務していては、とても介護のための費用が出せないという状況におちいりました。そこで、年功序列がなく、実力に見合った待遇が約束されている国外の企業への転職を考えるようになりました。そして2000年、私は27歳のとき、オランダ企業のオランダ本社にエンジニアとして転職しています。

オランダ企業に転職し、オランダで暮らすようになってからは、金銭的な問題は小さくなりました。しかし、オランダからの母親の介護は、本当に大変でした。ひどいときは、オランダから毎月のように日本に一時帰国をして、病院とのやりとりや、介護施設からのクレーム対応に振り回されたものです。ちょっとした地獄でした。

この介護のせいで、私は、いくつかのキャリアをあきらめています。ですから、想定していたキャリアを一切あきらめない介護など、実際には不可能であることを私は知っています。

私の場合は、最初に新卒で就職した日本企業を、とても好きだったのに辞めることになりました。また、永住権まで取得したオランダを離れ、うまくいっていたオランダでの仕事も離れて、日本に帰国することにもなりました。オランダで起業もしていたし、欧州特許弁理士（ＥＰＡ）の資格取得の一歩手前までいっていました。どの選択にも、仕事と介護の両立が関わっており、それぞれが本当に苦渋の決断だったのです。

もちろん、こうした決断は、母親の介護だけにその原因を求めることはできません。特にオランダから日本に戻った背景には、オランダ文化のよいところを日本に輸入したいと思ったことや、技術のわかる天才的な経営者からヘッドハントされたことなど、複数の要因があります。とはいえ、それぞれの決断において、母親の介護が少なからず影響したことは間違いありません。

そして今もなお、母親の介護は続いています。しかしもはや、母親の介護が私のキャリアを邪魔することはありません。ノーマライゼーションの理想には反しますが、私の母親の病状は、もはや施設の外で生きていける状態ではないことも影響しています。

しかしそれ以上に重要なのは、私自身の自立が十分に進んだということです。自分で自分の会社を経営している今なら、急な呼び出しにも対応できます。また、介護の理解が深まったことで、精神的な負担も（ほとんど）なくなりました。

過去には、母親の存在を何度も恨みました。「早く死んでもらいたい」と願ったことも数知れません。しかし、現在の私は、母親の存在に深く感謝さえしています。「母親にキャリアの邪魔をされた」という認識は「母親にキャリアの呪縛から解放してもらった」というものに１８０度変化しているのです。

もちろん、今も母親の介護があるという事実は変わりません。変わったのは、人生の物事に優先順位をつけ、あきらめることはあきらめた上で、仕事と介護を両立させるという私自身のあり方です。

介護は、自分の人生との向き合い方を考える大きなきっかけです。**専門的には、こうした厳しい経験を通して得られるよい変化のことを「心的外傷後成長（Post Traumatic Growth／PTG）」と言います。**

そう考えたとき、私たちには、介護の経験から学び、自らをよい方向に変化させるか、変化を避けて介護を恨み続けるかという2つの道しか残されていないことに気づくと思います。そして、どうせ逃げられないのなら、介護の中に意味を見出し、自らのよい変化を生み出していきたいものです。その先には（今は見えないだけで）またあらたなキャリアの可能性も、きっとあるはずです。

人工知能の世界にはフレーム問題という言葉があります。これは、人工知能は特定のフレーム（枠組み）で囲われている範囲でしか機能しないことを示したものです。たとえば人工知能は、将棋のルールを与え、勝つことを目標とさせてはじめて機能しはじめます。しかし人工知能は、計算の前提となるルールや目標を、自らの力で生み出すことはできないのです。

　このフレーム問題は、なにも人工知能の世界でだけ有効な概念ではありません。**私たち自身も、親の介護がはじまるまでは、ビジネスというフレームの中にしかいなかったのではないでしょうか。**そして人生の設計を、このフレームに沿って最適化してきたはずです。眠い目をこすって勉強をしてきたのも、似合わないリクルートスーツに身を固めたのも、すべては、このビジネスというフレームへの最適化のためでした。

　親の介護は、このビジネスというフレームを、確実に無意味なものにします。長い年月をかけて最適化してきた環境も、大きく変化します。そして、過去に積み上げたことが無駄になったりもします。**しかしこのとき、私たちの内部で燃え続けていた「なんとも表現しがたい不安」の原因も明らかになるでしょう。ここで「ビジネスは、人生のほんの一部にすぎない」という当たり前の事実の認識が起こるからです。**

私たちは、ただ幸せに生きたいだけなのです。そして私たちの幸せは、愛する家族が笑顔のうちに生きられることにも大きく依存しています。そうした視点を獲得し、いまいちどビジネスや介護について深く考えてみたとき、それらは（やっと）自分の幸福のために、どちらにも偏りすぎることなく最適化すべきものとしてあらたに立ち上がってくるのです。

ビジネスの世界で認められ、もっと偉くなりたいという価値観への過度な依存は、最も危険で、私たちから自由を奪うものです。その価値観の中では、他のすべての物事が、自分が偉くなるための手段になり下がるからです。

それは、私たちにとって最も重要な愛という視点を失うということと同義です。**私たちにとって、偉くなることは、愛する人々と幸せに生きるための手段だったはずです。しかしいつしかそれが目的になってはいなかったでしょうか。それこそ「なんとも表現しがたい不安」の根幹ではないでしょうか。**

親の介護は、子供の人生が親の犠牲になるという話ではなく、親が子供に与えてくれる重要な変化のチャンスなのです。親は自分の人生の最後の時間を使

って、矮小で間違ったフレームにとらわれている自分の子供を揺さぶり、子供に真の自立をもたらすのだと思います。

最後になりましたが、本書の執筆にあたり、ご協力いただいた方々への感謝を示したいと思います。

まず、株式会社ディスカヴァー・トゥエンティワン取締役編集局長の藤田浩芳さんおよび編集部の原典宏さんには、スケジュールを大幅に逸脱した本書原稿に対し、企画を継続して推進していただきました。ご迷惑をおかけして、本当に申し訳ありませんでした。

株式会社ケアワーク弥生の飯塚裕久さん、金山峰之さん、森近恵梨子さん、小規模多機能型居宅介護ブライトの家の木村謙一さんには、介護経営と介護専門職の視点から、実際の介護事例を提供いただきつつ、本書の内容を精査していただきました。お忙しいところ、快く引き受けていただき、ありがとうございました。

株式会社steekstokの同僚である木村共宏、吉田拓には、本書の執筆のために稼働ができなくなった私の仕事を、かなりバックアップいただきました。ただでさえ忙しいところ、本当に助かりました。ありがとうございました。

株式会社リクシスにて、私とともに、介護離職のない社会を目指す佐々木裕子、大隅聖子、北口就生利との事業開発のための議論は、本書のコアとなる部分の形成に大きな影響を与えています。このプロジェクトがなければ、本書はまったく別のものになっていました。ありがとうございました。

日本を代表するプログラマーとしても有名な小飼弾さん、および、日本を代表する経営コンサルタントである山口周さんには、ご多忙のところ本書をお読みいただき、ご推薦をいただくことになりました。お二方からのご推薦は、身にあまる光栄です。本当にありがとうございました。

そして、いつも私の活動を支えてくれている妻、娘、息子の存在に、最大限の感謝の意を表したいと思います。

株式会社リクシスのご紹介

LYXIS

本書の著者である酒井穣（さかい・じょう）が、マッキンゼーにて役員（アソシエイト・パートナー）を務めた佐々木裕子（ささき・ひろこ）と共に2016年9月に創業した、介護離職を防止することを目的とした企業です。

現在のところ (1)介護離職リスクをより正確に判定するアセスメントテスト (2)人工知能との自然なやりとりを通して介護に必要な準備を進めるトレーニングツール (3)介護がはじまる前から熟練の介護職が「かかりつけ」として家族を支援するサービス、の3つを展開しています。

従業員の介護離職を防止したいと考える企業や、自らの将来のために介護の支援を求めている個人はもちろん、私たちと共に、日本の介護離職を防止することに情熱をかけたいと考える人材からの連絡をお待ちしております。詳しくは、以下、株式会社リクシスのホームページをご覧ください。

http://www.lyxis.com/

ビジネスパーソンが
介護離職をしてはいけないこれだけの理由

発行日　2018年1月30日　第1刷

Author　酒井　穣

Book Designer　石間　淳

Publication　株式会社ディスカヴァー・トゥエンティワン
〒102-0093　東京都千代田区平河町2-16-1　平河町森タワー11F
TEL　03-3237-8321(代表)
FAX　03-3237-8323
http://www.d21.co.jp

Publisher　干場弓子
Editor　原典宏　藤田浩芳

Marketing Group
Staff　小田孝文　井筒浩　千葉潤子　飯田智樹　佐藤昌幸　谷口奈緒美　古矢薫
蛯原昇　安永智洋　鍋田匠伴　榊原僚　佐竹祐哉　廣内悠理　梅本翔太
田中姫菜　橋本莉奈　川島理　庄司知世　谷中卓　小田木もも

Productive Group
Staff　千葉正幸　林秀樹　三谷祐一　大山聡子　大竹朝子　堀部直人　林拓馬
塔下太朗　松石悠　木下智尋　渡辺基志

E-Business Group
Staff　松原史与志　中澤泰宏　伊東佑真　牧野類

Global & Public Relations Group
Staff　郭迪　田中亜紀　杉田彰子　倉田華　李瑋玲　連苑如

Operations & Accounting Group
Staff　山中麻吏　吉澤道子　小関勝則　西川なつか　奥田千晶　池田望
福永友紀
Assistant Staff　俵敬子　町田加奈子　丸山香織　小林里美　井澤徳子　藤井多穂子
藤井かおり　葛目美枝子　伊藤香　常徳すみ　鈴木洋子　内山典子
石橋佐知子　伊藤由美　押切芽生　小川弘代　越野志絵良　林玉緒
小木曽礼丈

Proofreader　文字工房燦光
DTP　株式会社RUHIA
Printing　中央精版印刷株式会社

ISBN978-4-7993-2214-7